Besser Anlegen mit Hebelzertifikaten

Der Renditeturbo für jede Marktrichtung

Stephan Feuerstein
René Wolf
Axel Müller

TRA

Sec

Stephan Feuerstein
Besser Anlegen mit
Hebelzertifikaten
Der Renditeturbo für jede Marktrichtung
Trade secrets
JOKER
FinanzBuch Verlag

Bibliografische Information der Deutschen Bibliothek:
Die Deutsche Bibliothek verzeichnet diese Publikation in der Deutschen Nationalbibliografie; detaillierte bibliografische Daten sind immer über **http://dnb.ddb.de** abrufbar.

Gesamtbearbeitung und Gestaltung: Stephanie Villiger
Druck: Druckerei Joh. Walch, Augsburg

1. Auflage 2003

Landshuter Allee 61 • 80637 München
Tel.: 089/65 12 85-0 • Fax: 089/65 20 96

Für Fragen und Anregungen:
cMail: feuerstein@finanzbuchverlag.de

ISBN 3-89879-053-3

Inhaltsverzeichnis

Vorwort

Lange Zeit hatten wir uns Gedanken darüber gemacht, wie man am sinnvollsten ein Buch über Hebelzertifikate schreibt. Aus zahlreichen E-Mails von Lesern gewannen wir folgendes Bild: Einerseits sind Hintergrundinformationen zu den einzelnen Konstruktionen von Turbos gefragt, andererseits sind auch allgemeine Fragen zum Handel mit Knock-out-Produkten von Interesse.

Was wir von Beginn an nicht wollten, war, ein rein theoretisches Fachbuch zu veröffentlichen. Vielmehr sollte es ein Leitfaden und ein hilfreiches Werk zur praktischen Anwendung sein, von dem auch der Einsteiger einen Nutzen hat. Somit haben wir uns nicht ausschließlich mit der Konstruktion von Hebelzertifikaten und Turbo-Optionsscheinen befasst, sondern auch mit dem Handel in der Praxis. Hierzu gehen wir auf Fragen ein, die uns im Laufe der Zeit immer wieder gestellt wurden.

Profis mögen uns die teilweise einfachen Formulierungen verzeihen – wir haben sie bewusst gewählt. Denn dieses Buch richtet sich in erster Linie an den Einsteiger und weniger an den Profi. Deshalb haben wir Wert darauf gelegt, komplexe Zusammenhänge unter anderem auch durch Beispielrechnungen transparenter zu machen.

Wer erfolgreich mit Hebelzertifikaten handeln will, muss mehr mitbringen, als sich nur mit diesem Thema auszukennen. Mit diesem Buch erhält er hilfreiche Anregungen, damit er die typischen Einsteigerfehler vermeiden kann.

Einleitung

Einleitung

Hebelzertifikate sind die jüngste Anlageinnovation bei den Anlageprodukten. Sie geben Anlegern die Möglichkeit, sowohl von steigenden als auch von fallenden Kursen verschiedenster Basiswerte, etwa Aktien, Öl oder Gold, zu profitieren. Besonders interessant hierbei: Mit dem von Optionsscheinen her bekannten und auch bei Hebelzertifikaten auftretenden Hebeleffekt können Anleger in relativ kurzer Zeit mit geringem Kapitaleinsatz hohe Gewinne erzielen.

Daher lassen sich zumeist kurz- bis mittelfristige Kursbewegungen überproportional nutzen, ohne die im Vergleich zu Optionsscheinen negativen Faktoren Zeitwert und Volatilität berücksichtigen zu müssen. Da Hebelprodukte von mehreren Banken emittiert werden, kursieren auch diverse andere Bezeichnungen:

- Turbo-Zertifikate
- Turbos, Shorts
- Waves
- Turbo-Optionsscheine
- K.o.-Zertifikate
- Hebelprodukte
- Sprinter-Calls und -Puts

Kurzum: Die Hebelzertifikate reflektieren eine neue Produktgattung, welche die Vorteile von Terminkontrakten (Futures) und Optionsscheinen kombiniert. Hebelzertifikate bilden wie Futures die Veränderung des Basiswerts annähernd vollständig ab.

Vor- und Nachteile von Hebelzertifikaten	
+	Mit geringem Einsatz hohe Gewinne möglich
+	Einfacher und verständlicher als Optionsscheine
+	Konstanter Hebel ab Kauf
+	Kein bzw. nur marginaler Einfluss der Volatilität (im Gegensatz zu Optionsscheinen)
+	Handelbar wie eine Aktie
–	Gefahr eines Totalverlusts

Wie funktioniert ein Hebelzertifikat?

Um dauerhaft Gewinn bringend handeln zu können, muss der Anleger je nach Marktphase beide Seiten des Marktes – sprich steigende und fallende Kurse – abdecken können. Wer nur auf steigende Kurse spekuliert, verzichtet auf 50 Prozent der Gewinnmöglichkeiten. Hebelzertifikate sind ein geeignetes Instrument, um

- sowohl von fallenden Kursen
- als auch von steigenden Kursen

zu profitieren.

Das Hebelprodukt für fallende Notierungen nennt man Bear- oder Short-Hebelzertifikat (ähnlich einem Put bei Optionsscheinen), für steigende Kurse sind die Bezeichnungen Turbo-, Bull- oder Long-Hebelzertifikat üblich (ähnlich einem Call bei Warrants).

Wie viel ist ein Hebelzertifikat wirklich wert? Um diese Frage zu beantworten, benötigen Sie zunächst zwei Zahlen. Die erste ist der Kurs, zu dem der zugrunde liegende Basiswert (z.B. eine Aktie) an der Börse gehandelt wird. Die zweite Zahl, die zur Berechnung des tatsächlichen Werts eines Hebelzertifikates nötig ist, ist der Basispreis. Er ist ein Festpreis, der während der gesamten Laufzeit unverändert bleibt.

Zum besseren Verständnis der Funktionsweise von Hebelzertifikaten finden Sie auf der nächsten Seite zwei vereinfachte einführende Beispiele.

Merke!

Beachten Sie: Wenn der Basiswert (z. B. eine Aktie) während der Laufzeit des Short-Zertifikats ***über*** *die Stop-Loss-Marke steigt bzw. beim Turbo-Zertifikat* ***unter*** *die Stop-Loss-Marke fällt, erfolgt die automatische Rückzahlung des Short-Zertifikats zum Restwert bzw. es verfällt wertlos (je nach Emittent).*

Von Bedeutung ist zudem die Stopp-Schwelle, auch Knock-out-Barriere genannt. Je nach Emittent fällt sie mit dem Basispreis zusammen oder unterscheidet sich von ihm. Wird die K.o.-Schwelle einmal unterschritten (Turbo-Call) bzw. überschritten (Turbo-Put), so wird das Zertifikat nicht mehr gehandelt. Ist die K.o.-Schwelle mit dem Basispreis identisch, liegt bei Erreichen dieser Marke ein Totalverlust vor. Unterscheidet sich die Stopp-Schwelle vom Basiswert, so wird in der Regel der verbleibende Restbetrag erstattet. Dies zeigt eines deutlich: Bei Hebelprodukten lauern Gefahren, die es zu beachten gilt.

1. Beispiel: Gewinne bei fallenden Kursen der Allianz AG
Basiswert: Aktie der Allianz AG
Hebelprodukt: Short-Hebelzertifikat auf Allianz

Kurs Allianz	Basispreis	Überschlägiger Wert des Turbos
160 Euro	200,00 Euro	40 Euro (= 200 – 160)
120 Euro	200,00 Euro	80 Euro (= 200 – 120)
80 Euro	200,00 Euro	120 Euro (= 200 – 80)

Verlust Allianz-Aktie .... – 50,00 %
Gewinn Allianz-Hebelzertifikat ....+ 200,00 %

2. Beispiel: Gewinne bei steigenden Kursen von Gold
Basiswert: Goldpreis
Hebelprodukt: Long-Hebelzertifikat auf Gold

Kurs Gold	Basispreis	Überschlägiger Wert des Turbos
320 Euro	305 Euro	15 Euro (= 320 – 305)
340 Euro	305 Euro	35 Euro (= 340 – 305)
360 Euro	305 Euro	55 Euro (= 360 – 305)
Gewinn Gold .... + 12,50 %		
Gewinn Gold-Hebelzertifikat .... + 266,66 %		

Allgemeines

Steigende Kurse

Während bei der Berechnung eines Optionsscheins diverse Kennzahlen, wie etwa Delta, Theta oder Gamma – genannt „Die Griechen" –, erforderlich sind, entfallen diese bei Hebelzertifikaten. Zwar handelt es sich bei einem Turbo ebenfalls um ein gehebeltes Produkt, das – wie ein Optionsschein – verbrieft ist und daher an der Börse gehandelt werden kann; dennoch ist seine Konstruktion verständlicher. Eher subjektive Einflussgrößen wie die implizite Volatilität haben auf die Berechung von Turbo-Zertifikaten keinen Einfluss. Im Gegensatz zu einem Optionsschein oder einer Option ist der Hebel ab dem Kauf- oder Verkaufszeitpunkt eine feste Größe, die sich nicht mehr ändert. Ebenfalls gibt es bei Hebelzertifikaten keinen Zeitwertverfall, lediglich das Aufgeld baut sich über die Laufzeit hinweg ab.

Überschlägige Berechnung (innerer Wert):					
Preis Turbo-Zertifikat = Aktienkurs – Basispreis					
Fall 1:	**große Differenz zwischen Aktienkurs und Barriere**				
	Aktienkurs	=	34 Euro		
	Basispreis	=	18 Euro		
	Preis Turbo-Zertifikat	=	34 – 18	=	16 Euro
	Hebel	=	34 : 16	=	2,13
Fall 2:	**geringe Differenz zwischen Aktienkurs und Barriere**				
	Aktienkurs	=	34 Euro		
	Basispreis	=	30 Euro		
	Preis Turbo-Zertifikat	=	34 – 30	=	4 Euro
	Hebel	=	34 : 4	=	8,5

Hintergrund

Um die Konstruktion eines Hebelzertifikats besser verstehen zu können, ein Beispiel:

Ein Anleger plant Aktien des Unternehmens A zu kaufen, weil er davon ausgeht, dass diese vor einem Anstieg in naher Zukunft stehen. Eine Aktie kostet derzeit 100 Euro, der Anleger möchte jedoch nur 50 Euro investieren. Doch an der Bewegung der Aktie will er in vollem Umfang teilhaben und nicht nur zu den investierten 50 Prozent. Es stehen ihm zwei Möglichkeiten offen: Entweder er nimmt einen Kredit über 50 Euro auf, oder er sucht sich jemanden, der bereit ist, für ihn das Geschäft zu tätigen (man bekommt dabei sozusagen die fehlenden 50 Euro von einer anderen Person geliehen). In diesem Fall würde er dieser Person 50 Euro geben, damit sie eine Aktie im Wert von 100 Euro erwirbt und ihm dann den Gewinn oder Verlust nach dem Verkauf auszahlt. Natürlich würde so etwas niemand ohne Gegenleistung machen – so wenig, wie der Anleger einen Kredit bekommen würde, für den er keine Zinsen zahlen muss. Weiterhin liegt bei der Person, welcher der Anleger das Geld leiht, das Risiko, dass die Aktie nicht wie angenommen steigt, sondern unter 50 Euro fällt. In diesem Fall wären die ursprünglich eingesetzten 50 Euro verloren, und es wäre ein zusätzlicher Betrag nachzuzahlen. Dies ist bei Hebelzertifikaten nicht der Fall, da maximal das eingesetzte Kapital verloren werden kann! Im Beispiel sieht das wie folgt aus: Die Person, von der man die 50 Euro geliehen bekommt, wird diese nicht riskieren und die Position sofort verkaufen, wenn der geliehene Betrag angegriffen werden sollte.

Merke:

Bei Hebelzertifikaten kann maximal der eingesetzte Betrag verloren gehen. Die Gewinnmöglichkeiten sind dagegen nicht begrenzt.

Die Person, die für den Anleger das Wertpapiergeschäft tätigt – nennen wir sie der Einfachheit halber Person 2 –, würde die gezahlten 50 Euro daher als Sicherheit betrachten. Dafür bekommt der Anleger von Person 2 Geld geliehen, für das natürlich Zinsen zu zahlen sind. Nimmt man nun an, das Geschäft hat eine geplante Dauer von einem Jahr, und der Zinssatz für diesen Zeitraum würde fünf Prozent betragen, müsste der Anleger Person 2 zusätzlich zu den 50 Euro noch weitere 5 Euro an Zinsen zahlen (100 Euro x 5 % Zinsen = 5 Euro).

Dividenden

Würde es innerhalb des Zeitraums zu einer Dividendenzahlung kommen, so müsste diese dem Anleger von Person 2 gutgeschrieben werden (er hat ja die „ganze" Aktie gekauft). Nehmen wir nun an, es würde in etwa einem Jahr eine Dividende von 2 Euro gezahlt werden, so läge der Dividendentermin innerhalb der Laufzeit des Geschäfts. Zahlungen in der Zukunft stellen jedoch heute nicht den gleichen Wert dar; somit muss die Dividendenzahlung abgezinst werden. Im vorliegenden Fall würde das bedeuten, dass die Dividende von 4 Euro in einem Jahr heute nur 1,90 Euro wert wäre ((100 % – 5 %) x 2 Euro = 1,90 Euro). Daher hat der Anleger an Person 2 Folgendes zu zahlen:

Einlage + Zinsen (oder Finanzierungskosten) – diskontierte Dividende

In unserem Beispiel würde dies wie folgt aussehen:
50 Euro + 5,00 Euro – 1,90 Euro.
Die komplette Sicherheitsleistung wäre demnach 53,10 Euro.
Die häufig genannten Finanzierungskosten entsprechen dabei jedoch nur den Zinsen – ein wichtiger Aspekt!

Merke:

Um den genauen Preis von Hebelzertifikaten zu bestimmen, müssen auch die Finanzierungskosten und die Dividenden berücksichtigt werden. Dies spielt insbesondere bei langen Laufzeiten oder in der Nähe von Dividendenterminen eine entscheidende Rolle.

Künftige Ungewissheit

Da sich die künftige Ungewissheit im Zins widerspiegelt, ist klar, dass sich die Finanzierungskosten mit abnehmender Laufzeit abbauen.

Wie könnte die Situation nun nach einem Jahr aussehen? Nehmen wir an, die Aktie wäre bis auf 150 Euro gestiegen. Der Anleger bekäme bei der gezahlten Sicherheitsleistung von 53,10 Euro von Person 2 zusätzlich zur Einlage den Gewinn der Aktie von 50 Euro ausbezahlt. Hätte er die Aktie zu 100 Euro gekauft, wäre nun ein Gewinn von 50 Prozent vorhanden. Dadurch, dass er jedoch nur 50 Euro (plus Finanzierungskosten) investiert hat, erhält er einen Gewinn von annähernd 100 Prozent – er hat also einen Hebel.

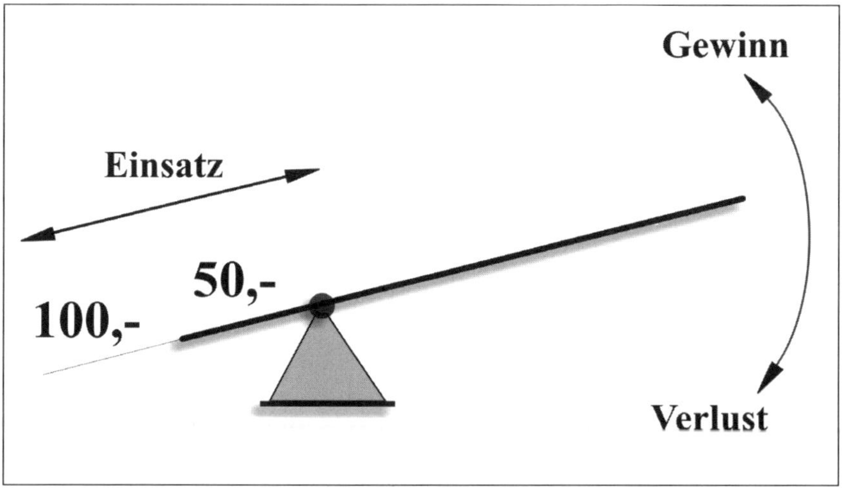

Bild 1: Hebelwirkung

Dieser Hebel kann sich aber auch negativ auswirken. Würde die Aktie am Ende nur bei 50 Euro stehen, so wären die Sicherheitsleistung verbraucht und der komplette Einsatz verloren. Da Person 2 kein Risiko eingeht, würde die Aktie bei einem Erreichen von 50 Euro verkauft werden. Sollte es danach zu einem Anstieg der Aktie kommen, ist dies unerheblich, da sie ja bereits mit dem Erreichen von 50 Euro verkauft wurde. Bei einem Erreichen von 50 Euro würde es daher zum Totalverlust des Einsatzes kommen.

Eine mittlerweile gängige Möglichkeit, das Verlustrisiko zu begrenzen, ist die Stop-Loss-Variante. In unserem Beispiel zeigt sich der Hintergrund wie folgt:

Bisher hat Person 2 die Aktie verkauft, wenn die Sicherheitsleistung aufgebraucht war. Danach spielte auch ein erneuter Anstieg keine Rolle mehr, es lag ein Totalverlust des eingesetzten Betrags vor. Bei der SL-Variante bietet Person 2 an, die Aktie nicht erst beim vollständigen Verbrauch der Sicherheitsleistung zu verkaufen. Vielmehr wird bereits vorher „die Reißleine gezogen" und die Aktie verkauft. Den verbleibenden Betrag der Sicherheitsleistung erhält der Anleger dann ausbezahlt. Dies war in der Vergangenheit nicht immer der Fall. Mittlerweile sind jedoch alle Emittenten dazu übergegangen, den verbleibenden Betrag an den Anleger auszuzahlen.

Merke:

Hebelprodukte unterscheiden sich in der Konstruktion der Knock-out-Barriere. Während es Produkte gibt, bei denen der Basispreis mit der K.o.-Schwelle identisch ist, gibt es auch Konstruktionen, bei denen eine „vorgeschaltete" Stop-Loss-Schwelle vorhanden ist. In diesem Fall wird das Zertifikat zwar bei Erreichen dieser Schwelle nicht mehr handelbar, dafür erhält der Anleger jedoch die verbleibenden Finanzierungskosten erstattet. Bei SL-Varianten kommt es nicht zu einem Totalverlust. Ob Hebelprodukte einem Einfluss von Volatilität unterliegen, lässt sich zudem daran erkennen, ob die Stop-Loss-Schwelle gleich dem Basispreis ist oder nicht. Liegen beide Schwellen auf dem gleichen Niveau, so hat das Hebelprodukt in der Nähe der K.o.-Schwelle einen Volatilitätseinfluss.

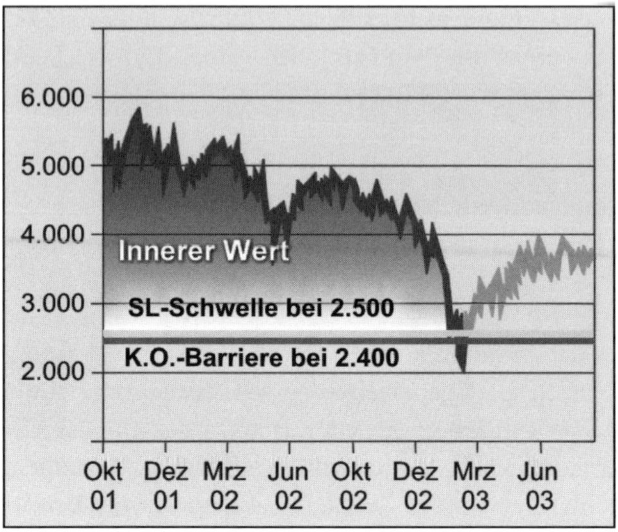

Bild 2: Nach Erreichen der SL-Schwelle ist der weitere Verlauf des Basiswerts unerheblich

Genaue Berechnung von Turbo-Zertifikaten

Bei der genauen Berechnung von Hebelzertifikaten fließen Dividende und Zinsen mit ein. Dies nennt man Auf- bzw. Abgeld, das bei kurzlaufenden Turbos jedoch nur eine sehr untergeordnete Rolle spielt. Weist ein Hebelzertifikat dagegen eine relativ lange Laufzeit auf, kann es durch den Einfluss von Zinsen und Dividenden zu erheblichen Unterschieden kommen (vergleichen Sie hierzu auch die Berechnungen im Kapitel „*Beispielrechnungen*").

Preis Turbo-Zertifikat	=	Aktienkurs
	+	Finanzierungskosten
	–	Dividende
	–	Basispreis

Beispiel:

Ein Hebelzertifikat weist eine Laufzeit von 43 Tagen auf. Gegen Ende dieses Zeitraums würden Inhaber der Aktie eine Dividende von vier Euro bezahlt bekommen. Die Aktie steht derzeit bei 34 Euro, das Hebelzertifikat ist mit einer Basis von 18 Euro ausgestattet. Es wird ein Zinssatz von fünf Prozent angenommen.

Berechnung:

Finanzierungskosten:

34 Euro (Aktienkurs) auf 43 Tage bei einem Zinssatz von

5 Prozent = (34 x 5 : 100) x 43 Tage : 365 Tage

= 0,20 Euro

Diskontierte Dividende:

4 Euro Dividende, abgezinst auf den Zeitraum von

43 Tagen = (100 % – 5 %) x 4 Euro x 43 Tage : 365 Tage

= 0,45 Euro

Preis Hebelzertifikat:

34 Euro + 0,20 Euro – 0,45 Euro – 18 Euro = 15,75 Euro

Hebel:

34 Euro : 15,75 Euro = 2,16

Die Hebelproblematik

Das Thema Hebel bei den Hebelzertifikaten zeigt sich für viele Anleger auf den ersten Blick verwirrend, in der Anwendung aber einfach. Während oftmals zu hören ist, dass der Hebel gleich bleibt, ändert er sich dennoch. Verkehrte Welt? Mitnichten! Der Hebel bezieht sich immer auf den aktuellen Kurs des Basiswerts. Somit erklärt sich, warum sich der Hebel ständig verändert.

Geht man allerdings eine Position ein, so bezieht sich der Hebel auf den eingegangenen Betrag und ändert sich – gemessen am Investitionsbetrag – auch nicht mehr. Da der Investitionsbetrag jedoch mit dem Kurs des Basiswerts steigt oder fällt und daher auch nicht mehr den ursprünglich investierten Betrag darstellt, verändert sich der Hebel, gemessen am momentanen Wert der Position.

Beispiel

Sie kaufen sich ein DAX-Bear-Zertifikat für 1.000 Euro, das zum Kaufzeitpunkt einen Hebel von 36 aufweist. Der DAX steht dabei bei 3.500 Punkten.

Nun fällt der DAX auf 3.400 Punkte, und Ihre Position wächst auf 2.000 Euro an. Bezogen auf den ursprünglich investierten Betrag von 1.000 Euro hat Ihre Position bei einem DAX-Stand von 3.400 Punkten immer noch einen Hebel von 36, bezogen auf den aktuellen Wert der Position hat sie dagegen nur einen Hebel von 18. Der Unterschied liegt daher in der Betrachtungsweise: Der Hebel ändert sich für den investierten Betrag ab dem Investitionszeitpunkt nicht mehr, jedoch verändert er sich ständig mit dem aktuellen Kurs des Underlyings (Basiswerts). Nimmt man nun an, dass der DAX weiter auf 3.300 Punkte fällt, würde die Position auf 3.000 Euro ansteigen. In diesem Fall läge der Hebel, gemessen am aktuellen Kurs, nur noch bei 12, bezogen auf den Ursprungsbetrag von 1.000 Euro jedoch nach wie vor bei 36.

Das Ganze lässt sich auch anschaulich über den prozentualen Zuwachs erklären: Nachdem Sie bei 3.500 Punkten ein Bear-Zertifikat für 1.000 Euro erworben haben, liegt bei einem Stand von 3.400 Punkten ein Gewinn von 100 Prozent vor und bei 3.300 Punkten ein Gewinn von 200 Prozent. Gemessen am Stand von 3.400 Punkten (Ihre Position stellt einen Wert von 2.000 Euro dar) liegt bei einem Rückgang auf 3.300 Punkte nur noch ein Gewinn von 50 Prozent vor. Somit wird deutlich, dass der Hebel eine Momentaufnahme ist, die sich – je nach Betrachtungsweise – verändert oder gleich bleibt. Wichtig ist einzig und allein der Zeitpunkt der Investition.

Fallende Kurse

Wie zuvor gezeigt, eignen sich Hebelzertifikate, um bereits in kurzer Zeit mit relativ kleinen Bewegungen relativ große Gewinne zu erzielen. Dies muss aber nicht nur bei steigenden Aktienkursen der Fall sein. Mit Short- oder Bear-Zertifikaten hat der Anleger auch die Möglichkeit, an fallenden Notierungen zu partizipieren. Damit bietet sich neben der Spekulation selbst auch die Möglichkeit des Hedgens an, um ein bestehendes Aktiendepot gegen fallende Kurse abzusichern.

Während sich Turbo- oder Bull-Zertifikate (oder, je nach Konstruktion, Turbo-Optionsscheine oder Turbo-Calls) für steigende Kurse eignen, bieten Short-Zertifikate auch in fallenden Märkten die Möglichkeit, Gewinne zu erzielen. Das Prinzip dabei ist das Gleiche wie bei Turbo-Zertifikaten – mit einer Ausnahme: Bei Short-Zertifikaten hat der Anleger ein Abgeld, das von der Sicherheitsleistung abgezogen wird.

Merke:

Bei Bull-Zertifikaten (steigende Kurse) liegt ein Aufgeld vor, das zum inneren Wert (überschlägige Berechnung) hinzugezählt wird. Bei Bear-Zertifikaten (fallende Kurse) liegt ein Abgeld vor, das vom inneren Wert (überschlägige Berechnung) abgezogen wird.

Möglichkeiten

Short-Zertifikate werden eingesetzt, um in fallenden Märkten Gewinne zu erzielen. Zwar wird das Instrument Short-Zertifikat gelegentlich auch unter dem Aspekt der Absicherung erwähnt, jedoch raten wir davon eher ab. Unserer Meinung nach eignen sich Hebelzertifikate in erster Linie für die Spekulation in die eine oder andere Richtung und weniger zum Absichern von bestehenden Aktienbeständen. Zwar ist dies durchaus machbar, dürfte jedoch nur sehr selten angewendet werden, da es hierfür besser geeignete Produkte gibt.

Überschlägige Berechnung (innerer Wert):					
Preis Short-Zertifikat = Basispreis – Aktienkurs					
Fall 1:	**große Differenz zwischen Aktienkurs und Barriere**				
	Aktienkurs	=	34 Euro		
	Basispreis	=	50 Euro		
	Preis Turbo-Zertifikat	=	50 – 34	=	16 Euro
	Hebel	=	34 : 16	=	2,13
Fall 2:	**geringe Differenz zwischen Aktienkurs und Barriere**				
	Aktienkurs	=	34 Euro		
	Basispreis	=	40 Euro		
	Preis Turbo-Zertifikat	=	40 – 34	=	6 Euro
	Hebel	=	34 : 6	=	5,67

Hintergrund

Im Falle eines Short-Zertifikats will der Anleger an fallenden Notierungen verdienen. Hierzu muss er Aktien verkaufen, die er nicht besitzt, um sie zu einem tieferen Kurs wieder zurückkaufen zu können. Er muss sich diese Aktien daher von jemandem leihen, den wir – wie im vorgehrgehenden Beispiel – der Einfachheit halber Person 2 nennen. Nehmen wir an, eine Aktie notiert derzeit bei 100 Euro, und der Anleger geht von nachgebenden Notierungen aus. Er gibt Person 2 daher wiederum den Betrag von 50 Euro dafür, dass sie die Aktie diesmal an der Börse verkauft. Derartige Leerverkäufe konnten Privatanleger bislang in Deutschland in der Regel nicht durchführen. Wer an fallenden Kursen verdienen und dazu nur auf verbriefte (mit einer WKN versehene) Produkte zugreifen wollte, dem blieb bisher nur der Griff zum Optionsschein. Doch auch mit Hebelzertifikaten bzw. Turbo-Optionsscheinen sind Short-Positionen möglich.

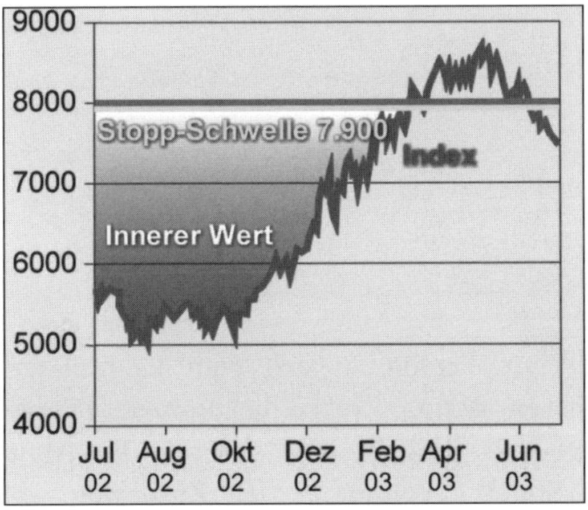

Bild 3:
Nach Erreichen der SL-Schwelle ist der weitere Verlauf des Basiswerts unerheblich. In der Regel wird der verbleibende Restbetrag zwischen SL-Schwelle und Basispreis ausbezahlt

Genaue Berechnung von Short-Zertifikaten

Bei genauer Berechnung von Hebelzertifikaten fließen Dividende und Zinsen mit ein. Dies nennt man dann Auf- bzw. Abgeld, das bei kurzlaufenden Turbos jedoch nur eine sehr untergeordnete Rolle spielt. Weist ein Hebelzertifikat dagegen eine relativ lange Laufzeit auf, kann es durch den Einfluss von Zinsen und Dividenden doch zu wesentlichen Unterschieden kommen.

Preis Turbo-Zertifikat	=	Basispreis
	–	Finanzierungskosten
	–	Dividende
	+	Leihekosten
	–	Aktienkurs

Beispiel:
Ein Hebelzertifikat weist eine Laufzeit von 43 Tagen auf. Gegen Ende dieses Zeitraums würde der Inhaber der Aktie eine Dividende von vier Euro bezahlt bekommen. Die Aktie steht derzeit bei 34 Euro, das Hebelzertifikat ist mit einer Basis von 50 Euro ausgestattet. Es werden ein Zinssatz von fünf Prozent und Leihekosten von 0,65 Euro angenommen.

Berechnung:
Finanzierungskosten:
34 Euro (Aktienkurs) auf 43 Tage bei einem Zinssatz von
5 Prozent = (34 x 5 : 100) x 43 Tage : 365 Tage
= 0,20 Euro

Diskontierte Dividende:
4 Euro Dividende, abgezinst auf den Zeitraum von
43 Tagen = (100 % – 5 %) x 4 Euro x 43 Tage : 365 Tage = 0,45 Euro

Preis Hebelzertifikat:
50 Euro – 0,20 Euro – 0,45 Euro + 0,65 Euro- 34 Euro = 16,00 Euro

Hebel: 34 Euro : 16,00 Euro = 2,13

Zinsen

In unserem Beispiel erhält nun Person 2 nach dem Leerverkauf 100 Euro und kann für diesen Betrag Zinsen bekommen. Diesen Zinsertrag nimmt er jedoch nur deshalb ein, weil er die Aktie (im Auftrag) verkauft hat. Somit bekommt er den Zinsertrag von Person 2 gut geschrieben. Da wir von den gleichen Einflüssen wie im obigen Beispiel einer Long-Position ausgehen, würde der Anleger ebenfalls eine Sicherheitsleistung hinterlegen müssen (im Beispiel 50 Euro). Die entstehenden Zinsen würde er wieder gutgeschrieben bekommen. Somit ergäbe sich in unserem Beispiel folgende Berechnung:

Sicherheitsleistung = 50 Euro – Zinsen für von Person 2 eingenommene Zinsen für 100 Euro. Im vorliegenden Fall würde das bedeuten, dass der Anleger 5 Euro Zinsen gutgeschrieben bekommt (100 Euro x 5 % Zinsen = 5 Euro).

Dividenden

Die Dividenden hingegen behält derjenige, der die Aktien für den Leerverkauf verliehen hat, weshalb sie in der Berechnung abgezogen werden müssen.

Natürlich verleiht niemand etwas, ohne dafür eine Gegenleistung zu erhalten. Diese Leihekosten sind natürlich zu entrichten:

Einlage – Zinsen (oder Finanzierungskosten) – diskontierte Dividende + Leihekosten.

In unserem Beispiel würde dies wie folgt aussehen: 50 Euro – 5,00 Euro – 1,90 Euro + 5,90 Euro (Leihekosten). Die komplette Sicherheitsleistung wäre demnach 49 Euro. Es lässt sich erkennen, dass bei Short-Zertifikaten häufig ein Abgeld vorhanden ist, denn die endgültige Sicherheitsleistung (49 Euro) liegt unter der zunächst angenommenen ursprünglichen Sicherheitsleistung (50 Euro). Bei Turbo-Zertifikaten liegt die endgültige Sicherheitsleistung dagegen über der zunächst angenommenen ursprünglichen Sicherheitsleistung, so dass im Falle von Bull-Zertifikaten ein Aufgeld vorliegt.

Was wäre, wenn ...?

Wäre die Aktie nun nach einem Jahr von 100 auf 50 Euro gefallen, so erhielte der Anleger zusätzlich zur erbrachten Sicherheitsleistung den Differenzbetrag ausgezahlt, wodurch sich ein Gewinn von etwa 100 Prozent ergäbe. Sollte die Aktie dagegen von 100 auf 150 Euro gestiegen sein, wäre die Sicherheitsleistung aufgebraucht, und es entsteht ein Totalverlust. Da Person 2 die geliehenen Aktien bei einem Anstieg über 150 Euro verkaufen würde, ist es unerheblich, ob die Kurse innerhalb der Laufzeit wieder unter diesen Betrag fallen. So würde der Totalverlust auch eintreten, wenn die Aktie bereits nach wenigen Wochen über die Marke von 150 Euro ansteigen würde, um anschließend, gegen Ende der Laufzeit, deutlich unter 100 Euro zu notieren, da die Position bei Erreichen der K.o.-Schwelle glattgestellt wurde.

Informationen

Es wird deutlich, dass Hebelzertifikate im Großen und Ganzen wesentlich einfacher zu berechnen sind als Optionsscheine. Das macht das Produkt Turbo- oder Short-Zertifikat transparenter und besser nachvollziehbar. Man benötigt neben dem aktuellen Kurs des Underlyings und der Knock-out-Schwelle nur noch den Zinssatz für die Laufzeit des Zertifikats und die in diesem Zeitraum anfallende Dividende. Aktuelle Zinssätze können im Internet unter **http://zinsen.onvista.de/index.html** abgefragt werden, Dividendentermine und -höhe gibt es unter anderem unter **http://www.hauptversammlung.de**. Daneben sind diese Daten natürlich auch in einschlägigen Börsen- oder Wirtschaftsmagazinen und -zeitungen enthalten.

Knock-out-Schwelle

Im Gegensatz zu herkömmlichen Optionsscheinen (Plain Vanilla Warrants) sind Hebelzertifikate mit einer Knock-out-Schwelle ausgestattet. Wird diese über- bzw. unterschritten, wird das Zertifikat nicht mehr gehandelt. Je nachdem, ob es sich um eine Stop-Loss- oder um eine herkömmliche K.o.-Konstruktion handelt, werden bei Erreichen der jeweiligen Schwelle entweder die anteiligen Finanzierungskosten ausbezahlt oder das Zertifikat verfällt wertlos. Hintergrund ist die Hinterlegungsgebühr (Margin) im Futures-Handel, die bei Erreichen der K.o.-Schwelle aufgebraucht ist. Näheres dazu erfahren Sie in den vorausgegangenen Kapiteln *„Steigende Kurse"* und *„Fallende Kurse"*.

Verschiedene Varianten

Im Laufe der Zeit haben sich neben den verschiedenen Arten von Hebelzertifikaten und Turbo-Optionsscheinen auch Unterschiede bei den Konstruktionen in Bezug auf die Stop-Loss-Schwelle bzw. die K.o.-Schwelle ergeben. So existieren derzeit Varianten, bei denen der Basispreis gleich der K.o.-Schwelle ist, und Varianten, bei denen sich Basispreis und K.o.-Schwelle (hier dann Stopp- oder Stop-Loss-Schwelle) unterscheiden. Weiterhin gibt es auch innerhalb einer solchen Kategorie Unterschiede, die es zu beachten gilt.

Von der BNP Paribas wurde eine weitere Konstruktion angeboten. Bei dieser Variante zählte der Knock-out erst zum Tagesschlusskurs. Fiel die zugrunde liegende Aktie innerhalb des Tages unter (Bull-Zertifikat) oder stieg sie über (Bear-Zertifikat) die K.o.-Schwelle, war das Zertifikat noch nicht wertlos. Entscheidend hierfür war ausschließlich der Schlusskurs. Leider ist diese Variante nicht weiterverfolgt worden, so dass eine solche Konstruktion derzeit nicht mehr angeboten wird.

Sicherung gegen Totalverlust

Heute bietet die BNP Paribas eine Variante an, die sich mittlerweile als Standard durchgesetzt hat. Dabei zählt der Knock-out innerhalb des Tagesverlaufs. Im Falle von BNP trägt diese Konstruktion den Zusatz Stop-Loss (SL); andere Emittenten haben eigene Bezeichnungen, die darauf hindeuten, dass es sich dabei um eine Variante mit zusätzlicher Stop-Loss-Schwelle handelt. Beide Konstruktionen lassen sich relativ einfach unterscheiden: Bei der K.o.-Variante ist der Knock-out-Wert gleich dem Basispreis, während es bei der SL-Variante eine „K.o.-Barriere" gibt, die sich vom Basispreis unterscheidet. Dabei wird der verbleibende Finanzierungsbetrag ausbezahlt, falls die SL-Schwelle unterschritten wird. Doch Vorsicht: Dies ist derzeit noch nicht bei allen Emittenten der Fall! Manche erstatten trotz der zusätzlichen SL-Schwelle die verbleibenden Finanzierungskosten nicht. Doch auch hier geht der Trend zu mehr Kundenfreundlichkeit, so dass diese Konstruktionen im Laufe der nächsten Monate wahrscheinlich vollständig vom Markt verschwinden werden.

Basiswert und Hebelzertifikat im Vergleich

Wird bei einem Turbo- oder Bull-Zertifikat die Knock-out-Barriere innerhalb der Laufzeit unterschritten, wird das Zertifikat nicht mehr gehandelt und ist wertlos. Dies ist auch dann der Fall, wenn der Kurs des Basiswerts danach wieder über der K.o.-Schwelle notiert.

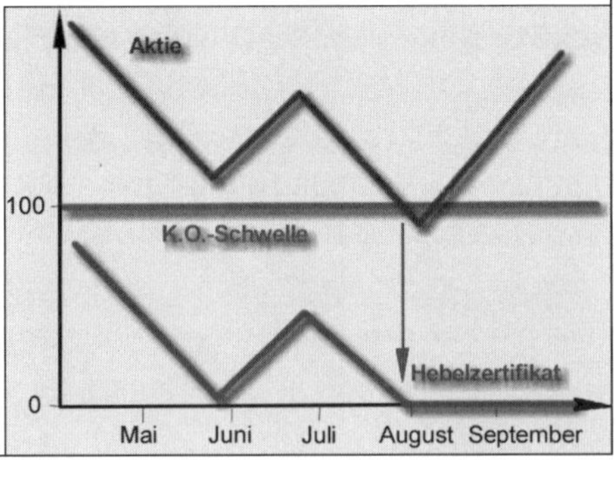

Überschreitet ein Short- oder Bear-Zertifikat während der Laufzeit die Stopp-Schwelle, so wird das Zertifikat nicht mehr gehandelt und ist wertlos. Es wird auch dann nicht wieder an Wert gewinnen, wenn der zugrunde liegende Titel anschließend wieder unter die K.o.-Schwelle fällt.

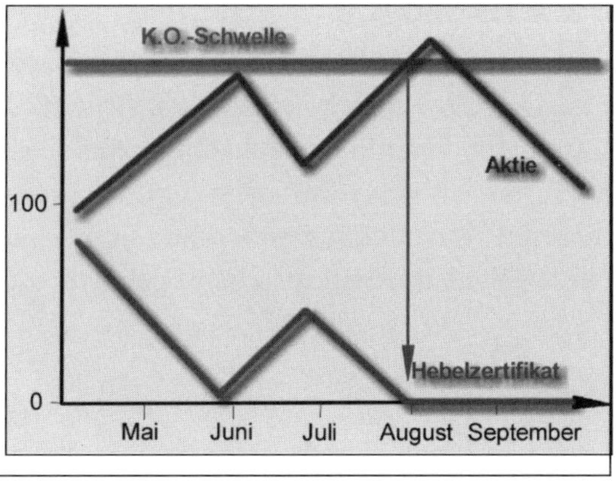

Stopp-Schwelle = Preispuffer?

Der Vorteil der SL-Konstruktion, wie sie mittlerweile eine Vielzahl an Emittenten zusätzlich zu den herkömmlichen K.o.-Varianten anbietet, zeigt sich bei Erreichen der SL-Schwelle. In diesem Fall wird der Turbo zwar ebenfalls nicht mehr gehandelt, jedoch ist das Zertifikat nicht wertlos, sondern stellt den zu diesem Zeitpunkt verbleibenden Wert dar, der dann ausbezahlt wird. Der Totalverlust wird durch diese Sicherheitsmaßnahme seitens des Emittenten vermieden.

Unterschiede gibt es hier nicht zuletzt auch in der Namensgebung, da jeder Emittent seine Produkte mit einem eigenen Namen versehen hat: So gibt es neben LIF-SL-Zertifikaten beispielsweise auch Wave-Return-Scheine. Damit wird der Vergleich gerade für den Laien nicht einfacher. Auch der strittige Punkt, ob bei der Konstruktion nun die Variante Optionsschein (z. B. HSBC Trinkaus & Burkhardt, Deutsche Bank, Sal. Oppenheim) oder Zertifikat (ABN Amro, BNP Paribas, Commerzbank) gewählt wurde, erschwert Vergleiche zunächst. Auf diesen Aspekt gehen wir noch ausführlicher im Kapitel *„Einflussfaktoren und Volatilität“* ein.

Steuern und K.o.

Erreicht ein Zertifikat die Knock-out-Barriere, verfällt es wertlos. Da das Zertifikat jedoch nicht verkauft wurde, sind die entstandenen Verluste nicht steuerlich abzugsfähig. Aus diesem Grund können verfallene Turbos an den Emittenten zu 0,01 Euro zurückverkauft werden. In diesem Fall ist durch den Verkauf ein Verlust entstanden, der dann auch bei der Steuererklärung geltend gemacht werden kann.

Stopp-Kurse

Um nicht vom K.o. betroffen zu sein, sollte der Anleger beim Handeln mit Hebelzertifikaten unbedingt Stopp-Kurse setzen. In diesem Fall wird der Verlust begrenzt und die Gefahr eines Totalverlusts deutlich reduziert. Bitte beachten Sie dies immer, wenn Sie Hebelprodukte handeln! Auch stellt der Reiz des großen Hebels eine entsprechende Gefahr dar. So wird ein hoher Hebel nur dann erreicht, wenn der Basiswert entsprechend nahe am Basispreis bzw. an der K.o.-Schwelle notiert. Wird diese erreicht, ist der Turbo wertlos. Das ist der Grund, weshalb Anleger genau abwägen sollten, ob noch ein positives Chance-Risiko-Verhältnis gegeben ist.

Verluste aussitzen

Was bei Optionsscheinen aufgrund der vorhandenen Laufzeit schon nicht funktioniert, verbietet sich bei Hebelzertifikaten erst recht: das Aussitzen von Verlusten. Wie wir bereits mehrfach erwähnt haben, sind Zertifikate bei Erreichen der K.o.- bzw. der SL-Schwelle nicht mehr handelbar, selbst wenn der Kurs danach in die richtige Richtung dreht. Es ist deshalb anzuraten, Verluste rasch zu realisieren.

Übersicht über Konstruktionen einzelner Emittenten		
Emittent	KO-Schwelle	SL-Schwelle
ABN Amro	nein	ja
BNP Paribas	ja	ja
Centrobank	nein	ja
Citibank	ja	ja
Commerzbank	nein	ja
Deutsche Bank	ja	ja
Dresdner Bank	ja	nein
DZ Bank	nein	ja
HSBC Trinkaus & Burkhardt	ja	nein
Sal. Oppenheim	ja	nein
Société Générale	ja	ja
Vontobel	ja	nein

Die Tabelle oben bezieht sich nur auf Hebelprodukte mit einer bestimmten Laufzeit. Nicht betroffen sind Endlos-Hebelprodukte, die im Kapitel „Endlos-Turbos" gesondert behandelt werden.

Merke:

Eine sehr wichtige Frage ist, wann der Knock-out erfolgt. Dies ist besonders bei Basiswerten, die außerhalb der deutschen Börsenhandelszeiten gehandelt werden, von Wichtigkeit. Beispielsweise werden Währungen 24 Stunden gehandelt. Erfolgt hier ein Erreichen der K.o.-Schwelle in der Nacht, so kann es sein, dass ein Schein ausgeknockt wird, ohne dass man reagieren kann. Ähnliches droht auch bei Scheinen auf ausländische Underlyings, wobei hier in erster Linie der asiatische Markt von Bedeutung ist. Bitte achten Sie daher im Emissionsprospekt des Emittenten darauf, wann ein K.o. erfolgen darf.

Verfallstermin

Ein Problem, mit dem vor allem Aktienanleger immer wieder zu kämpfen haben, sind die Laufzeit eines Turbos und der damit verbundene Verfallstermin. Wie wir bereits in den vorangegangenen Kapiteln dargestellt haben, hängt der Wert eines Turbos von der Laufzeit ab. Im praktischen Handel zeigt sich oftmals noch ein anderes Problem: Was passiert, wenn das Zertifikat ausläuft?

Handel an der Börse

In der Regel werden Turbos nur bis zwei Tage vor dem Verfallstermin an der Börse notiert, womit sie auch nur so lange börslich gehandelt werden können. Sollte der Anleger nach dem letzten Börsenhandel, aber vor dem eigentlichen Verfallstermin feststellen, dass der Turbo ausläuft, lassen sich die Scheine aber immer noch bis zum endgültigen Verfall direkt mit dem Emittenten handeln. Genaue Zeitangaben über den Verfallstermin können Sie den jeweiligen Verkaufsbroschüren der einzelnen Emittenten entnehmen. Auch geben die Hotlines der Emittenten gerne Auskunft darüber, wie lange ein Turbo gehandelt wird.

Kein Handel mehr

Ist der Verfallstermin abgelaufen, kann der Turbo nicht mehr gehandelt werden – auch nicht direkt mit dem Emittenten. Solange der Schein nicht unter die K.o.-Schwelle gefallen ist, besitzt er einen inneren Wert, der auf dem Konto des Anlegers gutgeschrieben wird. Dies erfolgt in der Regel automatisch; es ist jedoch hilfreich, sich über die Vorgehensweise bei seinem Online-Broker oder seiner Bank zu erkundigen.

Merke:

Turbos sind in der Regel bis zwei Tage vor dem Verfallstermin an der Börse handelbar. Nach dem börslichen Handel und vor dem Verfallstermin können sie aber immer noch direkt mit dem Emittenten gehandelt werden. Ist der Verfallstermin erreicht und weist der Turbo einen inneren Wert auf, wird dieser auf dem Konto des Anlegers gutgeschrieben.

Kennzahlen

Oft steht derjenige, der Hebelzertifikate erwerben will, ein wenig ratlos vor einer Unmenge von vergleichbaren Zertifikaten. Damit sich der Anleger ein genaueres Bild von den Chancen und Risiken des jeweiligen Scheines machen kann, veröffentlichen Börsenzeitschriften und Internetseiten (z. B. **www.finanztreff.de** oder **www.onvista.de**) eine ganze Reihe von Kennzahlen zu jedem Turbozertifikat, mit deren Hilfe es sich besser einschätzen lässt. Jedoch ist zu beachten, dass sämtliche Kennzahlen stets „Momentaufnahmen" sind. Sie ändern sich ständig, was zur Folge hat, dass ihre Aussagekraft von vornherein begrenzt ist. Anhand zweier Kennzahlen-Übersichten eines DAX-Hebelzertifikates der Börsenseiten Onvista.de und Finanztreff.de werden im folgenden Abschnitt die wichtigsten Kennzahlen ausführlich erläutert:

(1) Wertpapier-Kennnummer (=WKN)
Sechsstellige Identifikationsnummer von Wertpapieren und zugleich die „Hausnummer" der Wertpapiere. Sie dient beim Kauf von Turbos der eindeutigen Identifizierung des jeweiligen Scheins.

(2) ISIN
Internationale Wertpapier-Kennnummer, welche die in Deutschland gebräuchliche WKN allmählich ablöst.

(3) Bid (Geldkurs)
Der Geldkurs ist der Kurs, zu dem der Emittent das Hebelzertifikat wieder zurückkauft. Diesen Kurs erhält der Anleger folglich beim Verkauf eines Hebelzertifikats. Das Gegenstück zum Geldkurs ist der Briefkurs.

(4) Ask (Briefkurs)

Der Briefkurs ist der Kurs, zu dem Emittenten Hebelzertifikate zum Kauf anbieten. Diesen Kurs muss der Anleger folglich beim Kauf eines Hebelzertifikats zahlen. Das Gegenstück zum Briefkurs ist der Geldkurs.

(5) Basiswert

Der Basiswert ist das Spekulationsobjekt, auf das sich ein Hebelzertifikat bezieht. Dies kann z. B. eine Aktie, ein Index, ein Rohstoff oder eine Währung sein. Der Basiswert wird auch als das zugrunde liegende „Underlying" bezeichnet.

> **Zwei Typen von Hebelzertifikaten**
>
> - Long-Hebelzertifikat (andere Bezeichnungen: z. B. LSF-Bull, Wave-Call, Turbo-Call, Sprinter-Call): Der Käufer eines Long-Hebelzertifikats spekuliert auf steigende Kurse des Basiswerts.
> - Short-Hebelzertifikat (andere Bezeichnungen: z. B. LSF-Bear, Wave-Put, Turbo-Put, Sprinter-Put): Der Käufer eines Short Hebelzertifikats spekuliert auf fallende Kurse des Basiswerts.

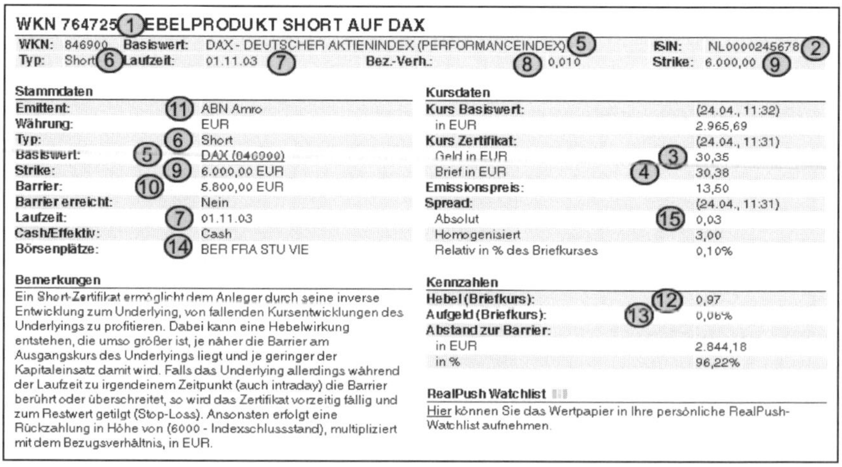

*Bild 4: Übersicht der Kennzahlen bei **www.onvista.de***

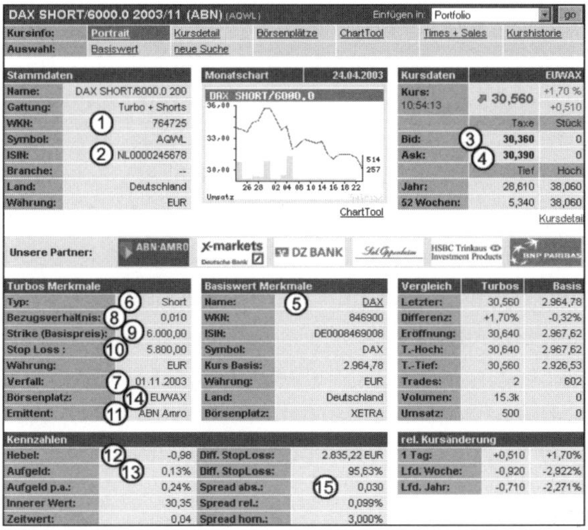

Bild 5:
Kennzahlen bei
www.finanztreff.de

(6) Typ

Da mit Hebelzertifikaten sowohl auf steigende als auch auf fallende Kurse spekuliert werden kann, gilt es zwei Arten zu unterscheiden: 1) Long: steigende Kurse, 2) Short: fallende Kurse.

(7) Laufzeit

Im Gegensatz zu Aktien sind Turbozertifikate nur zeitlich begrenzt handelbar. Am Ende der Laufzeit steht das Verfallsdatum. Dies ist der letzte Tag, an dem der Schein gehandelt werden kann. Näheres hierzu finden Sie im Kapitel *„Verfallstermin"*.

(8) Bezugsverhältnis

Das Bezugsverhältnis zeigt, wie viele Hebelzertifikate für den Bezug eines Basiswerts (z. B. eine Aktie oder ein Index) benötigt werden. Beispiel: Ein Bezugsverhältnis von 0,01 bedeutet, dass für den Kauf eines Basiswerts 100 Hebelzertifikate benötigt werden. Jedoch wird das Recht auf diesen Kauf in der Realität meist nicht ausgeübt, da die Zertifikate in der Regel vor Laufzeitende verkauft werden.

(9) Strike (=Basispreis)

Das besondere Merkmal von Turbozertifikaten ist, dass sie im Gegensatz zu Optionsscheinen schon vor Laufzeitende wertlos verfallen können. Jedes Turbozertifikat und jeder Turbo-Optionsschein hat für den zugrunde liegenden Basiswert eine Kursmarke bzw. einen Basispreis, bei der bzw. bei dem sie verfallen. Sofern das Underlying (z.B. eine Aktie oder ein Index) während der Laufzeit eines Hebelzertifikats die Knock-out-Barriere per Tagesschlusskurs verletzt (berührt oder unterschreitet bei Long-Zertifikaten bzw. berührt oder überschreitet bei Short-Zertifikaten), verfällt das jeweilige Zertifikat wertlos. Je nach Emittent kann es zu Zwecken der steuerlichen Verrechnung in einem solchen Fall zu 0,001 Euro verkauft werden.

Ausnahme: Einige Emittenten haben zusätzlich eine so genannte Stop-Loss-Barriere über dem Strike (bei Long-Zertifikaten) bzw. unter dem Strike (bei Short-Zertifikaten) platziert. Sie verhindert, dass das Zertifikat wertlos verfällt.

(10) Barriere (=Stop-Loss-Marke)

Die Stop-Loss-Barriere ist ein von einigen Emittenten festgelegter Kurs, der über (bei Long-Zertifikaten) bzw. unter (bei Short-Zertifikaten) der Knock-out-Barriere liegt. Beim Verletzen dieser Marke gibt es zwei Möglichkeiten:

1. Das Hebelzertifikat verfällt wertlos (davon kommen die Emittenten jedoch mehr und mehr ab).

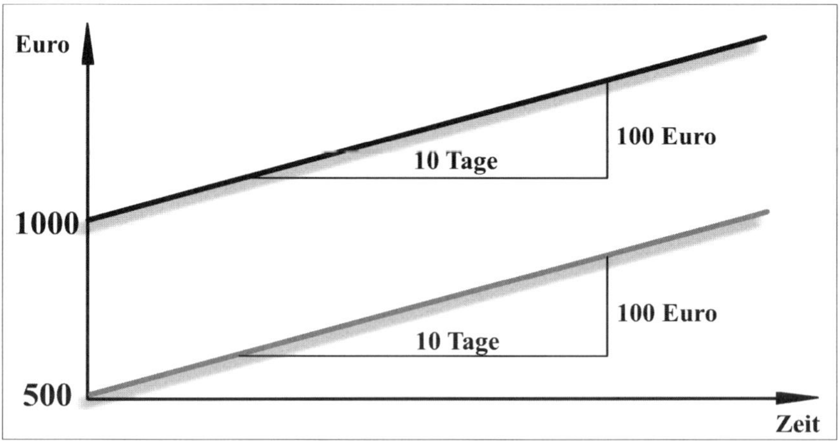

Bild 6: Es lässt sich klar erkennen, dass sich die Hebelwirkung durch den unterschiedlichen Kurs von Turbo und Underlying ergibt

2. Die Finanzierungskosten plus anteiligem inneren Wert erhält der Anleger zurück (z. B. bei BNP oder ABN Amro). In diesem Fall entspricht die Stop-Loss-Barriere einem integrierten Stopp-Kurs.

Eine Übersicht der einzelnen Konstruktionen der verschiedenen Emittenten in Bezug auf die K.o.-Schwelle bzw. die SL-Schwelle finden Sie auch am Ende des Kapitels *„Knock-out-Schwelle"*.

(11) Emittent

Der Emittent ist der Herausgeber bzw. der Verkäufer eines Turbos. Hierbei handelt es sich ausschließlich um Banken.

(12) Hebel

Der Hebel ist der Faktor, um den der Gewinn oder Verlust bei einem Hebelzertifikat stärker ausfällt als beim zugrunde liegenden Basiswert (z. B. Aktie). In unserem Beispiel beträgt der Hebel des DAX-Hebelzertifikats 0,98. Das bedeutet: Falls der DAX um zehn Prozent fällt, verteuert sich das Short-Zertifikat um den Faktor 0,98 bzw. um 9,8 Prozent.

Da Turbo und Aktie annähernd parallel (Turbo-Calls) bzw. umgekehrt parallel (Turbo-Puts) verlaufen (siehe Bild 6), ergibt sich der Hebel aus dem niedrigerem Preis des Turbos. Der Gewinn oder Verlust ist bei Aktie und Turbo in absoluten Werten letztendlich gleich, jedoch ergibt sich ein deutlicher prozentualer Unterschied.

Formel Hebelberechnung!
Hebel: Kurs Basiswert : (Bezugsverhältnis : Kaufkurs des Zertifikats)

(13) Aufgeld

Das Aufgeld stellt eine Prämie dar, die der Anleger für den mit dem Hebelzertifikat verbundenen Hebeleffekt zu zahlen bereit ist. Diese Prämie verringert sich gleichmäßig (im Gegensatz zu Optionsscheinen) mit der Laufzeit. Das geringe Aufgeld eines Hebelzertifikats wird durch die Finanzierungskosten des Emittenten bedingt. Faustregel: Je geringer das Aufgeld im Vergleich zu anderen, gleich ausgestatteten Turbos ist, desto „günstiger“ ist der Schein.

Formel Aufgeld Long-Hebelzertifikat!
Basispreis + (Kurs Hebelzertifikat x Bezugsverhältnis) – Kurs Basiswert

(14) Börsenplätze

Hebelzertifikate können sowohl über die Börse (hier empfehlen wir den Handelsplatz EUWAX-Stuttgart) als auch direkt über den Emittenten des jeweiligen Hebelzertifikats gehandelt werden (in der Regel von 8 bis 22 Uhr). Diese zweite Form des Zertifikatehandels bezeichnet man auch als außerbörslichen Handel.

(15) Spread

Als Spread bezeichnet man die Differenz zwischen Kauf- (Ask) und Verkaufspreis (Bid) eines Wertpapiers. Diese Spanne kann bei Hebelprodukten je nach Emittent unterschiedlich groß sein – ein Grund dafür, dass bei der Auswahl eines Scheins dieses Kriterium von Bedeutung ist.

Spreads und Volatilität

Einfache Berechnung

Wie bereits gezeigt, benötigt man für die näherungsweise Berechnung von Hebelzertifikaten lediglich den Wert der Basis (Strike), das Bezugsverhältnis und den aktuellen Kurs des Basiswerts. Die einfache Berechnung ist auch insofern von Vorteil, als man Orders mit Zusätzen wie Limit, Stop-Buy oder Stop-Loss versieht. Weiterhin lässt sich anhand des Kursziels beim Underlying sehr einfach das Potenzial eines Turbos ermitteln, so dass der Anleger auch eine Chance-Risiko-Berechnung durchführen kann.

Spreads

Schwierigkeiten kann der Anleger bekommen, wenn er nicht die Spanne zwischen An- und Verkauf berücksichtigt. Emittenten sichern die verkauften Hebelprodukte über Aktien- oder Terminmärkte ab. Je nach Schwierigkeitsgrad dieser Absicherung kann der Spread variieren. Während manche Emittenten zusätzlich zum Basispreis eine weitere Stopp-Schwelle eingeführt haben, um damit – laut eigenen Angaben – den Spread konstant zu halten, kann dieser bei anderen Emittenten durchaus größer oder kleiner werden. Doch auch hier zeigt sich, dass Konkurrenz das Geschäft belebt, denn die Spreads liegen in liquiden

Basiswerten zuweilen sogar unter den Spreads von Optionsscheinen. Anders sieht es allerdings aus, wenn Baskets das Underlying bilden. Da diese schwierig zu hedgen sind, kann es vorkommen, dass sich der Spread in Zeiten, in denen die im Basket enthaltenen Werte nicht gehandelt werden, deutlich erhöht. Ähnliches ist auch bei ausländischen Underlyings zu beobachten, während deren Handel noch nicht stattfindet.

Zu weiteren Spreads kommt es auch, wenn sich das Underlying der K.o.-Schwelle nähert. Dabei bleibt der absolute Betrag des Spreads zwar oftmals gleich, jedoch kann ein Spread von beispielsweise 0,2 Euro bei einem niedrigen Kurs des Turbos einen prozentual plötzlich sehr großen Betrag darstellen, der erst einmal verdient werden will.

Volatilität

Wenn oftmals zu hören ist, dass die Volatilität bei Hebelzertifikaten keine Rolle spielt, dann ist das nur die halbe Wahrheit. In Wirklichkeit lohnt sich ein Blick auf die implizite Volatilität eines Basiswerts sehr wohl, um zu sehen, ob ein Hebelzertifikat oder ein Optionsschein die bessere Alternative ist. So wirkt eine nachlassende Volatilität steigen-

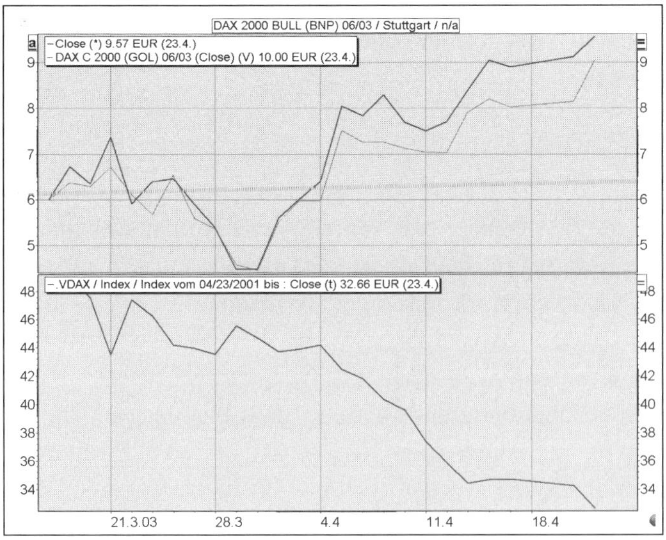

Bild 7: Bei einer fallenden Schwankungsbreite zeigt sich ein Vorteil von Turbos gegenüber Optionsscheinen

den Optionsscheinkursen entgegen. Ist daher die implizite Volatilität hoch, bietet sich anstelle eines Optionsscheins eher ein Hebelzertifikat an, da bei ihm die Volatilität nur in Extremfällen einen Einfluss haben kann. Bei einer niedrigen Schwankungsbreite ist dagegen ein Optionsschein die bessere Wahl. Gerne übersehen wird, dass bei Turbos, die als Optionsscheine konstruiert sind (z. B. Waves), die Schwankungsbreite in der Nähe der K.o.-Schwelle sehr wohl einen Einfluss auf die Preisbildung hat, wenngleich auch nur einen geringen.

Optionsschein oder Turbo?

Im Folgenden möchten wir kurz darstellen, wann ein Optionsschein oder ein Turbo in Bezug auf die Volatilität die bessere Alternative ist.

Fallende Volatilität

Abbildung 7 zeigt einen fallenden VDAX (Maßstab für die Schwankungsbreite) von Mitte März bis Mitte April 2003. In diesem Zeitraum hat das Hebelzertifikat, das mit dem dargestellten Optionsschein verglichen werden kann, eine deutlich bessere Performance erzielt. Es wird

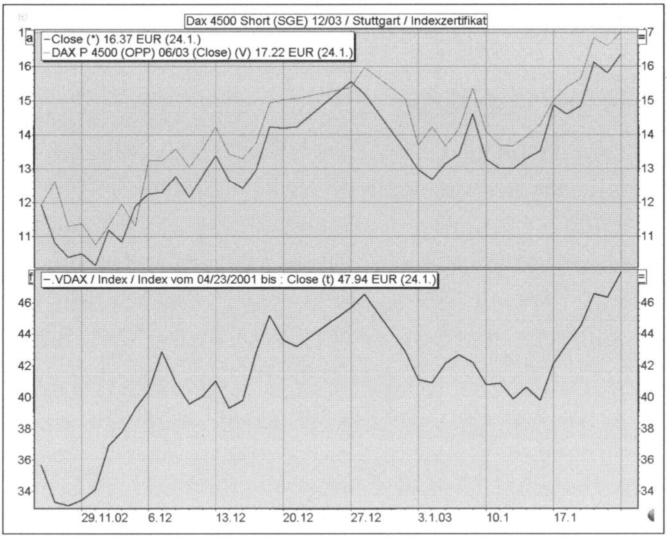

Bild 8: In Zeiten anziehender Volatilität sind Optionsscheine die bessere Wahl

also deutlich, dass eine nachgebende Volatilität für ein Hebelzertifikat und gegen einen Optionsschein spricht.

Steigende Volatilität

In *Abbildung 8* zeigt sich von Ende November 2002 bis Mitte Januar 2003 eine steigende Volatilität. In dieser Zeit wäre ein Optionsschein die bessere Wahl gewesen. So hat der gewählte Put im Vergleichszeitraum eine bessere Performance als das Short-Zertifikat erzielt.

Merke:

Hebelprodukte mit Volatilitätseinfluss erkennt man daran, dass der Finanzierungslevel und die Knock-out-Schwelle auf gleichem Niveau sind. Bei Hebelprodukten ohne Volatilitätseinfluss liegen Finanzierungslevel und Knock-out-Schwelle hingegen auf unterschiedlicher Höhe. Hierbei bekommt der Anleger den Differenzbetrag nach Erreichen des Finanzierungslevels (SL-Schwelle) erstattet, während bei Konstruktionen mit Volatilitätseinfluss ein Totalverlust eintritt.

Beachtenswerts zur Volatilität

In der Regel kann man davon ausgehen, dass bei fallenden Märkten die Volatilität tendenziell eher anzieht, während sie bei steigenden Märkten eher nachgibt. Vereinfacht formuliert, eignen sich Optionsscheine somit eher in fallenden Märkten, während Turbos bei steigenden Kursen die bessere Wahl sind. Dies soll jedoch nur als Faustformel dienen, die keineswegs immer gültig ist. Auch werden bei dieser Betrachtung andere Faktoren, die für den Einsatz eines Hebelzertifikats sprechen, wie beispielsweise die einfachere Berechnung, außer Acht gelassen.

Zudem sollte beachtet werden, dass eine hohe Volatilität und die Erwartung, dass sich diese wieder abschwächt, zwar eher für einen Turbo und gegen einen Optionsschein spricht, jedoch birgt diese Annahme auch Risiken. So ist in Zeiten einer hohen Volatilität von einer hohen Schwankungsbreite auszugehen, weshalb sich dabei auch die Gefahr erhöht, dass die K.o.-Schwelle bei Turbos eher erreicht wird. Dieses wird gerne bei der Argumentation übersehen und führt in der Praxis häufig zu einer enttäuschenden Erfahrung. Somit wird deutlich, dass gerade in Zeiten hoher Schwankungen Scheine, deren Underlying nahe an der K.o.- oder SL-Schwelle notiert, besser gemieden werden sollten.

Endlos-Turbos

Der Siegeszug der Turbos dürfte selbst die kühnsten Träume der Anhänger dieses Instruments übertroffen haben. So ist es auch nicht verwunderlich, dass eine weitere Gattung von Turbos konstruiert wurde, so genannte Endlos-Turbos. Wie schon bei der ersten Generation unterscheiden sich auch hier die Markennamen der einzelnen Emittenten deutlich voneinander, wenngleich die Produkte an sich nahezu identisch sind. Den Anfang machte ABN Amro mit ihren Mini-Futures, gefolgt von der Deutschen Bank mit Wave-XXL-Scheinen. Da diese Turbos ohne Laufzeitbegrenzung durchaus Vorteile gegenüber herkömmlichen Hebelprodukten aufweisen, war es nicht verwunderlich, dass andere Emittenten nachzogen, womit die Namensvielfalt mit Unlimited-Zertifikaten, Turbo-Futures und Open-End-Turbos weiter zunahm. Wie diese Endlos-Turbos funktionieren und welche Vorteile sie haben, wird in diesem Kapitel dargestellt.

Übersicht über Endlos-Turbos einzelner Emittenten	
Emittent	**Bezeichnung**
ABN Amro	Mini-Futures
Centrobank	Open-End-Turbos
Commerzbank	Unlimited-Turbo-Zertifikate
Deutsche Bank	Wave XXL
Goldman Sachs	Turbo-Futures
Société Générale	Open-End-Turbos

Laufzeit

Wer kennt es nicht, das Problem, das sich aus der begrenzten Laufzeit von Optionsscheinen oder Hebelprodukten ergibt? Mit Endlos-Turbos wurde eine Produktgattung geschaffen, die keiner Laufzeitbeschränkung unterliegt. Daraus ergeben sich natürlich auch Vorteile bei der Berechnung dieser Produkte. Während gerade lange Laufzeiten zu einem hohen Aufgeld bei gewöhnlichen Hebelprodukten führen, entfällt dieser Makel bei Endlos-Turbos. Da diese Konstruktionen derzeit auch vorwiegend auf Underlyings emittiert werden, bei denen keine Dividendenzahlung erfolgt, ist die Berechnung des Kurses gegenüber den ohnehin schon nicht schwierig zu ermittelnden Preisen von Hebelzertifikaten noch einmal deutlich einfacher. Unter Berücksichtigung des marktüblichen Spreads (Spanne zwischen Geld- und Briefkurs) entspricht der Preis eines solchen Instruments immer genau dem inneren Wert.

Innerer Wert bei Endlos-Bull-Turbos:					
Preis Turbo-Zertifikat = Kurs Underlying – Basispreis					
Fall 1:	**große Differenz zwischen Underlying und Barriere**				
	Underlying	=	100 Euro		
	Basispreis	=	80 Euro		
	Preis Turbo-Zertifikat	=	100 – 80	=	20 Euro
	Hebel	=	100 : 20	=	5
Fall 2:	**geringe Differenz zwischen Underlying und Barriere**				
	Underlying	=	100 Euro		
	Basispreis	=	80 Euro		
	Preis Turbo-Zertifikat	=	100 – 90	=	10 Euro
	Hebel	=	100 : 10	=	10
Innerer Wert bei Endlos-Bear-Turbos:					
Preis Short-Zertifikat = Basispreis – Aktienkurs					
Fall 1:	**große Differenz zwischen Underlying und Barriere**				
	Underlying	=	120 Euro		
	Basispreis	=	100 Euro		
	Preis Turbo-Zertifikat	=	120 – 100	=	20 Euro
	Hebel	=	100 : 20	=	5
Fall 2:	**geringe Differenz zwischen Underlying und Barriere**				
	Underlying	=	110 Euro		
	Basispreis	=	100 Euro		
	Preis Turbo-Zertifikat	=	110 – 100	=	10 Euro
	Hebel	=	100 : 10	=	10

Anpassung des Finanzierungslevels

Die Finanzierungskosten bei Endlos-Turbos werden jeden Tag (an 365 Tagen im Jahr) neu berechnet. Damit wird der Basispreis (Finanzierungslevel) täglich um den marktüblichen Zins angepasst. Auf diese Weise verringert sich sukzessive der Abstand zur Stopp-Schwelle, die somit natürlich ebenfalls entsprechend angepasst werden muss. Diese Anpassung erfolgt allerdings auf monatlicher Basis, wie in den *Abbildungen 9 und 10 auf Seite 63* dargestellt.

Beispiel Endlos-Bull-Turbo:
Ein Endlos-Turbo ist mit einem Basispreis von 2.500 Punkten ausgestattet. Der marktübliche Zins beträgt 5 Prozent. Somit ergibt sich folgender Betrag, um den sich der Basispreis jeden Tag erhöht: Basispreis x Zins : 365 Tage 2.500 x 0,05 : 365 = 0,3425 Punkte Demnach würde der Basispreis nach einem Monat (30 Tagen) bei 2.510,28 Punkten liegen (2.500 + 30 x 0,3425). Entsprechend lässt sich auch die Anpassung der Stopp-Schwelle ermitteln.
Beispiel Endlos-Bear-Turbo:
Ein Endlos-Turbo ist mit einem Basispreis von 3.500 Punkten ausgestattet. Der marktübliche Zins beträgt 5 Prozent. Somit ergibt sich folgender Betrag, um den sich der Basispreis jeden Tag verringert: Basispreis x Zins : 365 Tage 3.500 x 0,05 : 365 = 0,4795 Punkte Demnach würde der Basispreis nach einem Monat (30 Tagen) bei 3.485,62 Punkten liegen (3.500 – 30 x 0,4795). Entsprechend lässt sich auch die Anpassung der Stopp-Schwelle ermitteln.

Stopp-Schwelle

Wie auch SL-Hebelprodukte sind Endlos-Turbos mit einer zusätzlichen Stop-Loss-Schwelle (Finanzierungslevel) ausgestattet. Ist diese erreicht, dann wird der Endlos-Turbo nicht mehr gehandelt. Dabei kommt der verbleibende Wert zur Auszahlung. In Extremfällen kann es durch die Anpassungen der SL-Schwelle vorkommen, dass kein Wert mehr verbleibt. Aus steuerlichen Gründen ist es dennoch sinnvoll, einen Verkauf zu realisieren, den die Emittenten in der Regel innerhalb von drei Tagen nach dem Knock-out ermöglichen.

Dividenden

Werden Endlos-Turbos auf Underlyings emittiert, bei denen eine Dividendenzahlung verrechnet werden muss, so erfolgt die Verrechnung am Tag der Dividendenzahlung. Durch den an diesem Tag erfolgten Dividendenabschlag (die Aktie wird „ex Dividende" gehandelt) gibt es keinen Sprung im Endlos-Turbo.

Längere Haltedauer

Wie aus den vorangegangenen Beispielen deutlich wird, erfolgt eine Anpassung des Finanzierungslevels (Basispreises). Da sich der Kurs des Endlos-Turbos aus der Differenz zwischen Basispreis und dem aktuellen Kurs des Unterlyings ergibt, der Basispreis aber täglich angepasst wird, lässt sich errechnen, wie viel der Endlos-Turbo jeden Tag an Wert einbüßt.

Ausübung

Ein Unterscheidungsmerkmal von Endlos-Turbos ist auch die Art der Ausübung. Während es Emittenten gibt, die eine europäische Ausübung bevorzugen (Ausübung nur am Ende der Laufzeit), gibt es andere, die ihre Produkte mit einer amerikanischen Ausübung (Ausübung während der Laufzeit) ausgestattet haben. In der Regel werden Turbos aber nur selten ausgeübt.

Beispiel DAX:
Bei Hebelprodukten auf den DAX stellt jede Kursveränderung des Index um 100 Punkte eine Veränderung des Turbos um einen Euro dar. Unter der Annahme einer täglichen Anpassung des Basispreises von 0,3425 Punkten ergibt sich nach 30 Tagen ein Verlust des Turbos von 0,1028 Cents durch die Anpassung des Finanzierungslevels.

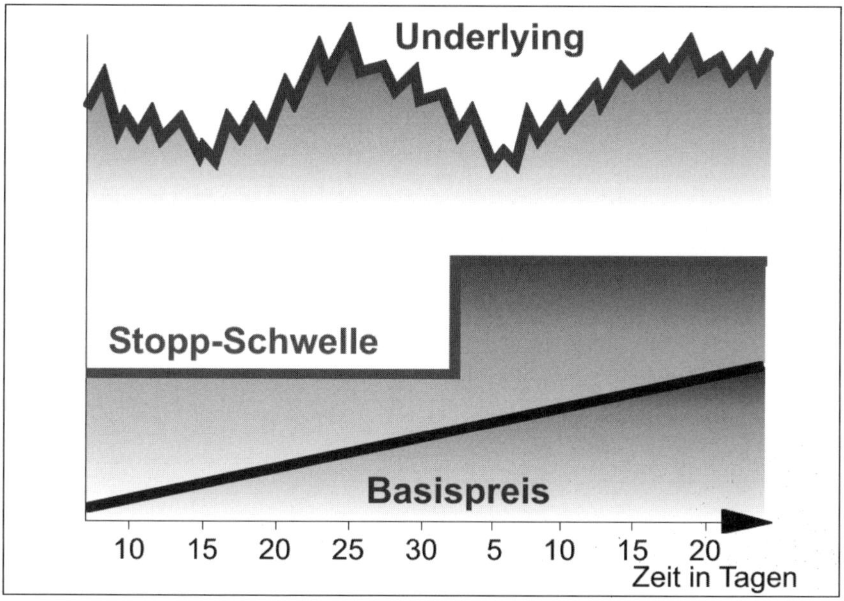

Bild 9: Anpassung der Stopp-Schwelle und des Finanzierungslevels (Basispreis) bei Endlos-Bull-Turbos

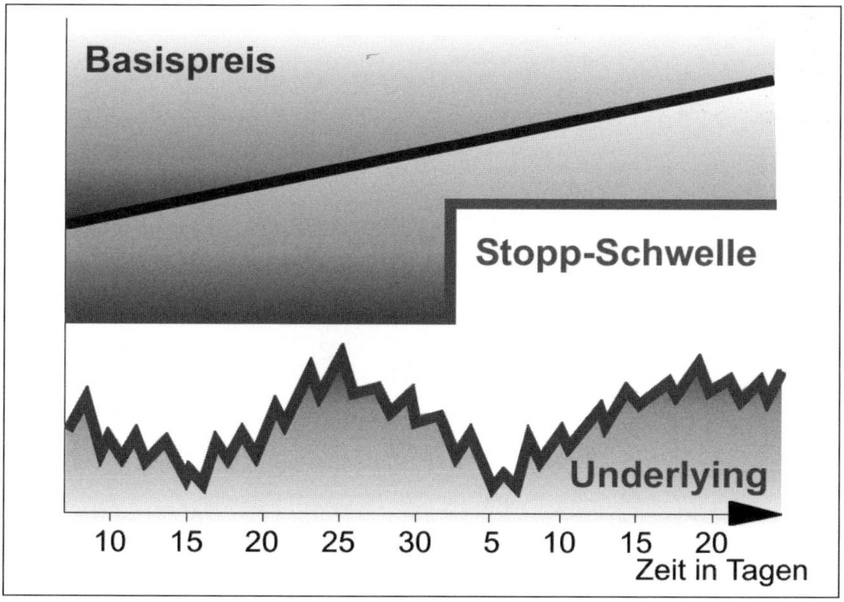

Bild 10: Anpassung der Stopp-Schwelle und des Finanzierungslevels (Basispreis) bei Endlos-Bear-Turbos

Beispiel-rechnungen

Beispiel 1: Fallender Kurs, überschlägige Berechnung

Der DAX bewegte sich im August nach unten. Anfang September kam es zu einer Erholungsbewegung, bei welcher der Kurs wieder an den Widerstand bei etwa 3.600 Punkte zu laufen schien (2). In diesem Beispiel befindet sich der Anleger am 9. September (1) und möchte erst dann einsteigen, wenn der DAX die Marke von 3.600 Punkten testet (2), und den Stopp-Kurs leicht über den Widerstand bei 3.650 Punkte (3) legen. Im Folgenden zeigen wir die Berechnung dazu.

Aktueller Kurs:

Aus der *Abbildung „Kennzahlen" auf Seite 68* lassen sich die für die Berechnung notwendigen Daten entnehmen.

(4) Kurs Basis:	3.407,52
(5) Strike (Basispreis):	4.100,00
(6) Bezugsverhältnis:	1 : 100 (0,01)

Strategie: Fallende Kurse
Aus der *Grafik auf Seite 66* können die Daten für die Berechnung des Beispiels 1 für den DAX und das gewählte Hebelzertifikat entnommen werden: aktueller Kurs (1), Einstiegsbedingung (2) und Stopp-Kurs (3).

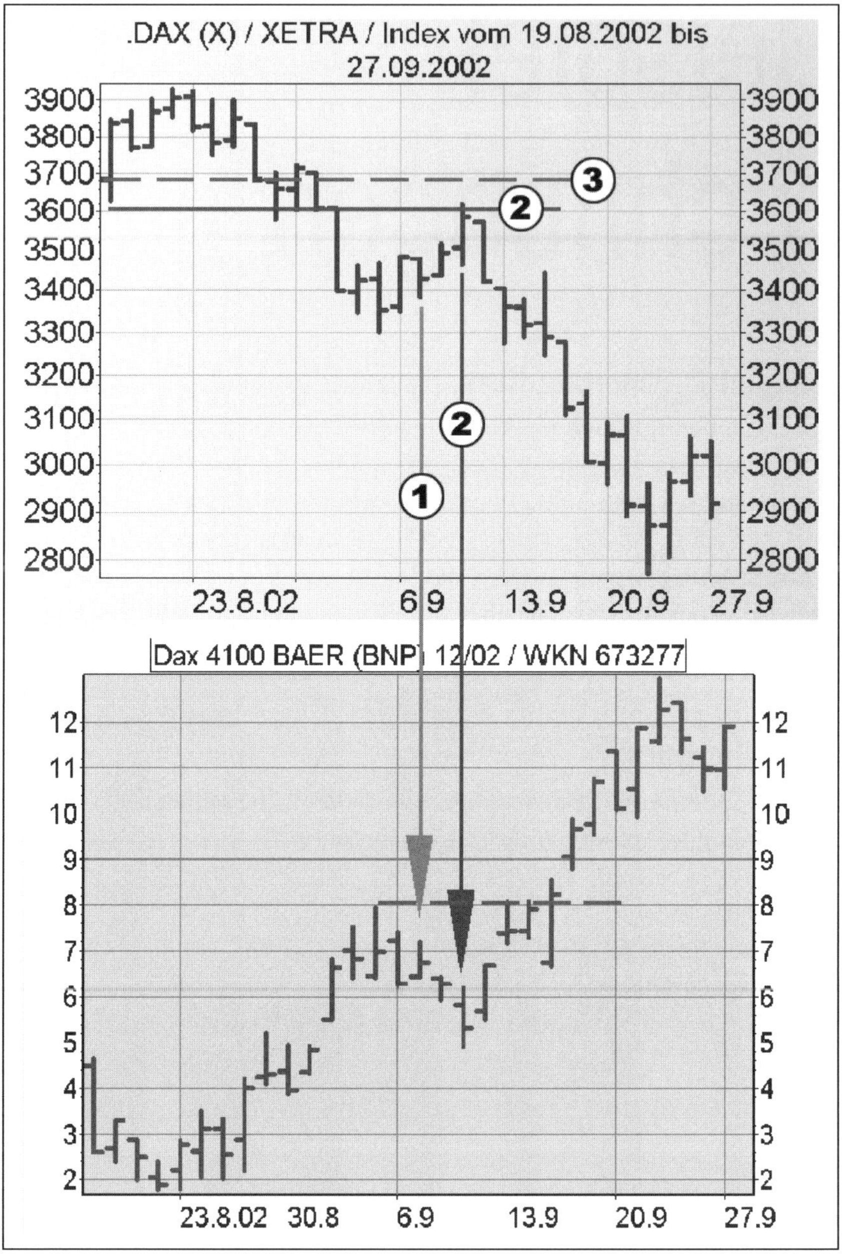

Abbildung: Strategie fallende Kurse

Bereits aus diesen wenigen Daten lässt sich eine annähernde Berechnung durchführen:

(Strike – Kurs Basis) x Bezugsverhältnis
(4.100 – 3.407,52) x 0,01 = 6,93 Euro

Hebel:

$$\frac{\text{Kurs Basis}}{\text{aktueller Kurs}} \quad x \quad \text{Bezugsverhältnis}$$

$$\frac{3407{,}52}{6{,}93} \quad x \quad 0{,}01 \quad = \quad 4{,}91$$

Aus dieser Berechnung wird deutlich, wie genau bereits die überschlägige Berechnung ist. So deckt sich das errechnete Ergebnis von 6,93 Euro mit dem zur gleichen Zeit gestellten Kurs von 6,91 / 6,94 Euro (8). Das Gleiche gilt für die Ermittlung des Hebels, der mit dem genau errechneten Hebel identisch ist (9). Nachdem klar ist, wie sich der Kurs ermitteln lässt, will der Anleger nun den Einstiegskurs bei 3.600 Punkten und den Stopp-Kurs bei 3.650 Punkten für das Hebelzertifikat ermitteln. Zusätzlich interessiert ihn, wie groß der Hebel für seine Position ist.

Kennzahlen
Am 9. September wies das LSF-Bear-Zertifikat einen Hebel von 4,91 bei eine Kurs des DAX von 3.407,52 Punkten auf. Das Zertifikat notierte dabei bei 6,86 Euro.

Einstiegslimit

Aufgrund der persönlichen Analyse des Basiswerts geht der Anleger in diesem Beispiel von einem Anstieg bis zum Widerstand bei 3.600 Punkten aus. Genau auf dieser Höhe möchte der Anleger einsteigen, doch dazu benötigt er den genauen Kurs des Hebelzertifikats:

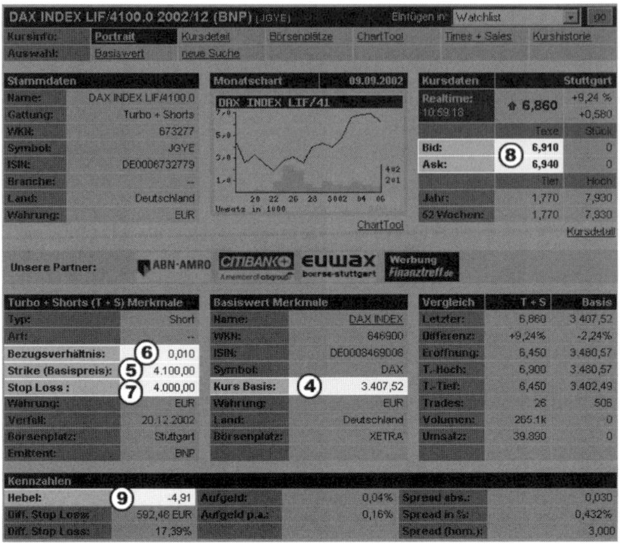

Abbildung: Kennzahlen

Einstiegslimit:
(Strike – Kurs Basis) x Bezugsverhältnis
(4.100 – 3.600) x 0,01 = 5,00 Euro
Wie sich aus dem Chart in der *Abbildung „Strategie: Fallende Kurse“* erkennen lässt, wäre das Limit am 11. September bei einem DAX-Stand von 3.600 Punkten (2) aufgegangen.

Stopp-Kurs

Wie bereits erwähnt, wählt der Anleger in diesem Beispiel den Stopp-Kurs bei 3.650 Punkten. Umgerechnet auf das Hebelzertifikat ergeben sich demnach folgende Daten:

(Strike – Kurs Basis) x Bezugsverhältnis
(4.100 – 3.650) x 0,01 = 4,50 Euro

Zielkurs

Analog zur Berechnung des aktuellen Kurses, des Einstiegslimits oder des Stopp-Kurses kann auch der erwartete Zielkurs des Basiswerts berechnet werden. Die Berechung erfolgt dabei wie in den zuvor gezeigten Beispielen, nur mit dem Unterschied, dass anstelle des aktuellen Kurses, des Limit- oder Stopp-Kurses der Zielkurs in die Formel eingesetzt werden muss.

Beispiel 2 : Steigender Kurs, genaue Berechnung, Aufgeld, Vergleich von Hebelzertifikaten

Im Februar 2002 lief der DAX in ein Dreieck hinein. In unserem Beispiel geht der Anleger davon aus, dass der Kurs aus diesem Dreieck nach oben ausbrechen wird. Folgendes Szenario hat er sich dabei überlegt: Einstieg bei einem Überwinden des DAX von 4.900 Punkten, Stopp-Kurs bei 4.750 Punkten, Zielkurs bei einem Überwinden von 5.200 Punkten. Zur Auswahl stehen dabei vier verschiedene Turbo-Zertifikate der ABN Amro.

(A) DAX 3.000 Turbo (ABN) WKN 764723:
Strike (Basispreis): 3.000
Bezugsverhältnis: 1 : 100 (0,01)

(B) DAX 3.500 Turbo (ABN) WKN 764722:
Strike (Basispreis): 3.500
Bezugsverhältnis: 1 : 100 (0,01)

(C) DAX 4.000 Turbo (ABN) WKN 824173:
Strike (Basispreis): 4.000
Bezugsverhältnis: 1 : 100 (0,01)

(D) DAX 4.500 Turbo (ABN) WKN 824174:
Strike (Basispreis): 4.500
Bezugsverhältnis: 1 : 100 (0,01)

Kennzahlen
Im Internet können direkt bei dem jeweiligen Emittent die Kennzahlen eines Hebelzertifikats abgefragt werden.

Ermittlung des aktuellen Kurses (DAX bei 4.850)
Berechnungsformel (überschlägige Berechnung):
(Kurs Basis – Strike) x Bezugsverhältnis

(A) DAX 3.000 Turbo (ABN) WKN 764723:
(4.850 – 3.000) x 0,01 = *18,50 Euro*

(B) DAX 3.500 Turbo (ABN) WKN 764722:
(4.850 – 3.500) x 0,01 = *13,50 Euro*

(C) DAX 4.000 Turbo (ABN) WKN 824173:
(4.850 – 4.000) x 0,01 = *8,50 Euro*

(D) DAX 4.500 Turbo (ABN) WKN 824174:
(4.850 – 4.500) x 0,01 = *3,50 Euro*

Fakten	
WKN	824174
Emissionstag	04.12.2001
Faelligkeitstag	01.11.2003
Geld-Brief Spanne	3 €-Cent
Bezugsverhältnis	100:1
Basispreis	4500
Währung	Euro (€)
Land	Deutschland
Region	Europa
Stop Loss Marke	4635
Handel möglich	ja

Kennzahlen	
Hebel	6,92
Aufgeld	350,65
Jährliches Aufgeld	4,10

Strategie: Steigende Kurse
Aus der *Grafik auf Seite 71* können die Daten für die Berechnung des Beispiels 1 für den DAX und das gewählte Hebelzertifikat entnommen werden: aktueller Kurs (1), Einstiegsbedingung (2) und Stoppkurs (3) und Zielkurs (4).

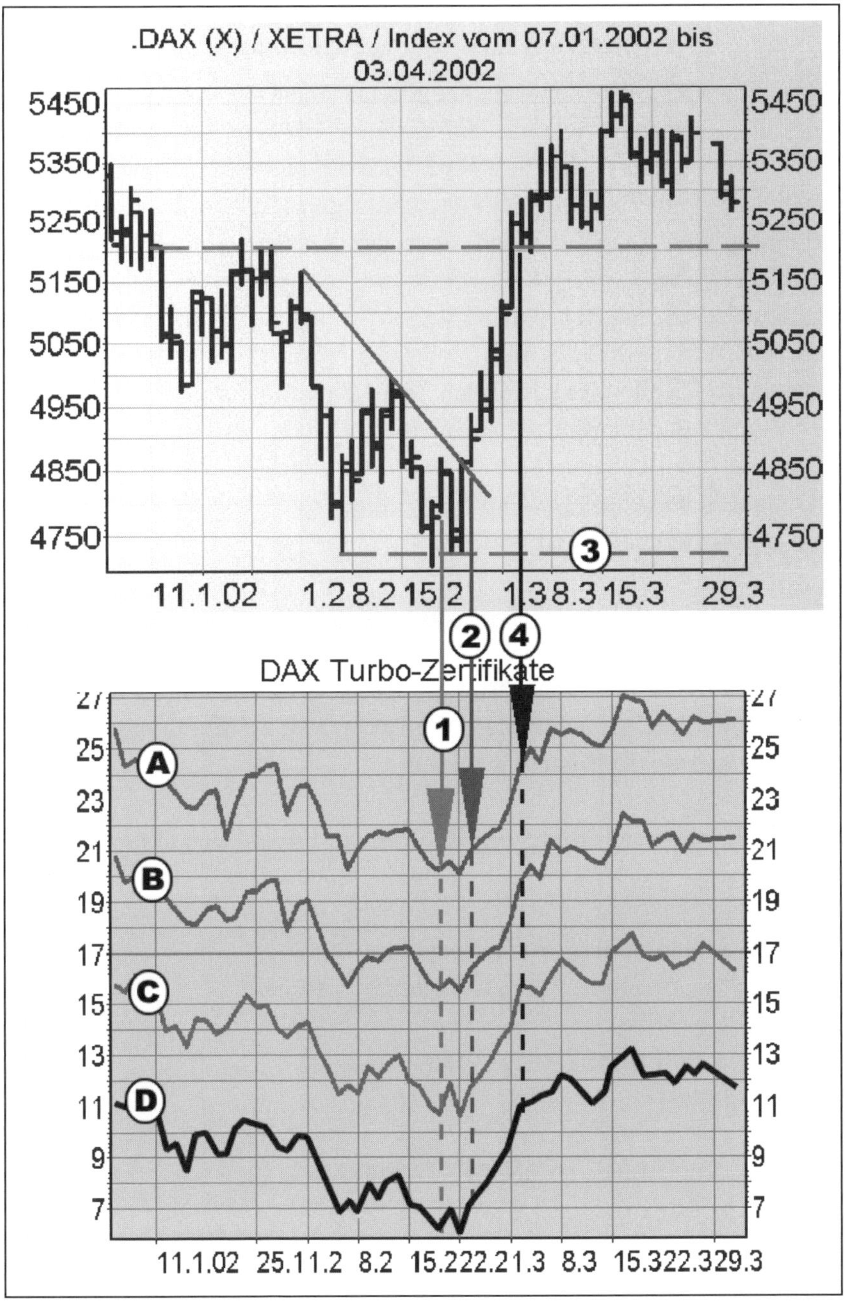

Abbildung: Steigende Kurse

Bereits aus dieser Berechnung lässt sich erkennen, dass der Abstand zwischen den einzelnen Zertifikaten jeweils fünf Euro beträgt. Dennoch zeigt sich, dass der errechnete Kurs nicht mit dem tatsächlichen Kurs übereinstimmt, wie aus *Abbildung „Strategie: Steigende Kurse"* in der unteren Grafik deutlich wird. Dies ergibt sich durch das Aufgeld, das bei der Näherungsformel außer Acht gelassen wurde. Eine nähere Erklärung zum Aufgeld finden Sie in den Kapiteln *„Steigende Kurse – Turbo-Zertifikate"* und *„Fallende Kurse – Short-Zertifikate"*. Der Einfachheit halber nehmen wir bei diesem Beispiel das angegebene Aufgeld, das ABN Amro für ihre Hebelzertifikate im Internet zur Verfügung stellt. Da alle vier gewählten Zertifikate mit der gleichen Laufzeit ausgestattet sind, beträgt das Aufgeld pro Schein (die Angabe von ABN Amro auf das Bezugsverhältnis umgerechnet) 3,51 Euro. Daraus wird klar, dass Scheine mit gleicher Laufzeit auf den gleichen Basiswert ein gleiches Aufgeld besitzen müssen.

Während dies bei Zertifikaten, deren Basispreis weit entfernt vom aktuellen Kurs liegt, nur eine untergeordnete Rolle spielt, nimmt es bei Zertifikaten, die nahe des Strike notieren, durchaus mächtige Formen an. Im Falle des Turbos mit dem Basispreis von 4.500 Punkten (D) wären es immerhin 50 Prozent gewesen.

Demnach ergibt sich folgende Berechnung, um auf den aktuellen Kurs zu kommen:

Berechnungsformel (genaue Berechnung):
(Kurs Basis – Strike) x Bezugsverhältnis + Aufgeld

(A) DAX 3.000 Turbo (ABN) WKN 764723:
(4.850 – 3.000) x 0,01 + 3,51 = *22,01 Euro*

(B) DAX 3.500 Turbo (ABN) WKN 764722:
(4.850 – 3.500) x 0,01 + 3,51 = *17,01 Euro*

(C) DAX 4.000 Turbo (ABN) WKN 824173:
(4.850 – 4.000) x 0,01 + 3,51 = *12,01 Euro*

(D) DAX 4.500 Turbo (ABN) WKN 824174:
(4.850 – 4.500) x 0,01 + 3,51 = *7,01 Euro*

Wie aus der *Abbildung „Strategie: Steigende Kurse"* hervorgeht, bewegen sich die Kurse der einzelnen Zertifikate parallel. Damit lässt sich für diesen Fall (Zertifikate mit unterschiedlichen Strikes und ansonsten gleicher Ausstattung) folgende Erkenntnis gewinnen: Ein Zuwachs beim DAX um 100 Punkte würde bei jedem Zertifikat einen Zuwachs um den gleichen absoluten Betrag bedeuten:

100 Punkte x 0,01 = 1 Euro

Erkenntnis
Der Kurs eines Hebelzertifikats bewegt sich parallel (Turbo) bzw. umgekehrt parallel (Short) zum Basiswert. Somit stellt eine Bewegung des Basiswerts um einen Euro ebenfalls eine Bewegung des Hebelzertifikats um einen Euro dar. Durch den niedrigeren Preis des Hebelzertifikats ergibt sich der entsprechende Hebel. Aus diesem Grund lassen sich Hebelzertifikate überschlägig sehr einfach berechnen.

Demnach würden sich für den Stoppkurs bei 3.750 Punkten beim DAX (100 Punkte niedriger als der aktuelle Kurs bei 3.850 Punkten) folgende Daten ergeben:

(A) DAX 3.000 Turbo (ABN) WKN 764723:
22,01 – 1,00 = *21,01 Euro*

(B) DAX 3.500 Turbo (ABN) WKN 764722:
17,01 – 1,00 = *16,01 Euro*

(C) DAX 4.000 Turbo (ABN) WKN 824173:
12,01 – 1,00 = *11,01 Euro*

(D) DAX 4.500 Turbo (ABN) WKN 824174:
7,01 = *6,01 Euro*

Dies möchten wir anhand der genauen Berechnung noch einmal darstellen:

Ermittlung des Stopp-Kurses (DAX bei 4.750)

(A) DAX 3.000 Turbo (ABN) WKN 764723:
(4.750 – 3.000) x 0,01 + 3,51 = *21,01 Euro*

(B) DAX 3.500 Turbo (ABN) WKN 764722:
(4.750 – 3.500) x 0,01 + 3,51 = *16,01 Euro*

(C) DAX 4.000 Turbo (ABN) WKN 824173:
(4.750 – 4.000) x 0,01 + 3,51 = *11,01 Euro*

(D) DAX 4.500 Turbo (ABN) WKN 824174:
(4.750 – 4.500) x 0,01 + 3,51 = *6,01 Euro*

Daraus lässt sich nun bereits ein Rückschluss auf den Hebel ziehen. So sind der derzeitige Kurs (DAX bei 4.850 Punkten) und der Stopp-Kurs (DAX bei 4.750 Punkten) gleich. Dies gilt aber nicht bei den einzelnen Zertifikaten. Wie bereits erwähnt, stellen 100 Punkte beim DAX bei jedem Zertifikat einen Wert von einem Euro dar. Legt man aber die unterschiedliche Höhe des Einstiegskurses zugrunde, so ergeben sich deutliche Unterschiede, wenn man diese Betrachtung prozentual durchführt:

(A) DAX 3.000 Turbo (ABN) WKN 764723:
1 Euro x 100 : 22,01 = *4,54 Prozent*

(B) DAX 3.500 Turbo (ABN) WKN 764722:
1 Euro x 100 : 16,01 = *5,88 Prozent*

(C) DAX 4.000 Turbo (ABN) WKN 824173:
1 Euro x 100 : 11,01 = *8,33 Prozent*

(D) DAX 4.500 Turbo (ABN) WKN 824174:
1 Euro x 100 : 6,01 = *14,27 Prozent*

Berechnung des Hebels

Ein häufiges Problem für Anleger ist, dass sie einerseits immer wieder zu Hören bekommen, der Hebel bleibe gleich, andererseits aber feststellen, dass er sich doch ändert. Die folgenden Berechnungen sollen klar machen, warum der Hebel einerseits gleich bleibt und sich andererseits doch verändert. Der Schlüssel liegt im Betrachtungs- bzw. Ausgangspunkt.

Der Hebel berechnet sich dabei wie folgt:

$$\frac{\text{Kurs Basis}}{\text{aktueller Kurs}} \quad x \quad \text{Bezugsverhältnis}$$

Zunächst möchten wir den Hebel auf die einzelnen Turbos zum aktuellen Kurs (DAX bei 4.850 Punkten) berechnen, wodurch deutlich wird, dass der Hebel vom Basispreis abhängig ist:

DAX bei 4.850 Punkten

(A) DAX 3.000 Turbo (ABN) WKN 764723:

$$\frac{4.850}{22,01} \quad x \quad 0,01 \quad = \quad \underline{2,20}$$

(B) DAX 3.500 Turbo (ABN) WKN 764722:

$$\frac{4.850}{17,01} \quad x \quad 0,01 \quad = \quad \underline{2,85}$$

(C) DAX 4.000 Turbo (ABN) WKN 824173:

$$\frac{4.850}{12,01} \quad x \quad 0,01 \quad = \quad \underline{4,04}$$

(D) DAX 4.500 Turbo (ABN) WKN 824174:

$$\frac{4.850}{7,01} \quad x \quad 0,01 \quad = \quad \underline{6,92}$$

Aus diesem Beispiel wird deutlich, dass der Hebel vom Basispreis des Zertifikats abhängig ist, denn die vier verwendeten Scheine unterliegen den ansonsten gleichen Einflussfaktoren.

DAX bei 4.750 Punkten

Fällt der DAX nun auf 4.750 Punkte, ändert sich der Hebel:

(A) DAX 3.000 Turbo (ABN) WKN 764723:

$$\frac{4.750}{21,01} \quad x \quad 0,01 \quad = \quad \underline{2,26}$$

(B) DAX 3.500 Turbo (ABN) WKN 764722:

$$\frac{4.750}{16,01} \quad x \quad 0,01 \quad = \quad \underline{2,97}$$

(C) DAX 4.000 Turbo (ABN) WKN 824173:

$$\frac{4.750}{11,01} \quad x \quad 0,01 \quad = \quad \underline{4,31}$$

(D) DAX 4.500 Turbo (ABN) WKN 824174:

$$\frac{4.750}{6,01} \quad x \quad 0,01 \quad = \quad \underline{7,90}$$

Damit wird klar, dass der Hebel bei einem Turbo-Call oder Long-Zertifikat zunimmt, je näher er sich dem Basispreis annähert. Dies wird besonders durch die unterschiedlichen Basispreise deutlich. So zeigt sich, dass der Hebel beim Turbo mit Basispreis 4.500 wesentlich stärker ansteigt als beim Turbo mit Basispreis 3.000.

Nun haben wir gezeigt, dass sich der Hebel ändert. Dennoch wird behauptet, dass der Hebel gleich bleibt. Dies bezieht sich auf den Einstiegszeitpunkt bzw. auf das für die jeweilige Position eingesetzte Kapital.

Hätte man beispielsweise zehn Turbos mit Basispreis 3.000 Punkte bei 4.850 Punkten gekauft, so hätte man – bezogen auf die 220,10 Euro Investition (100 Turbos x 22,01 Euro pro Turbo) – einen Hebel von 2,20. Würde der DAX nun auf 4.750 Punkte fallen, so wären aus den ursprünglich eingesetzten 220,10 Euro nun plötzlich 210,10 Euro geworden.

Bezogen auf den Einsatz von 220,10 Euro läge nach wie vor ein Hebel von 2,20 vor. Bezogen auf den nun tatsächlichen Wert von 210,10 Euro liegt jedoch ein Hebel von 2,10 vor.

Solange die Position nicht verkauft und vom eingesetzten Kapital ausgegangen wird, bleibt der Hebel ab dem Einstiegszeitpunkt bzw. bezogen auf das Einstiegskapital konstant.Geht man allerdings vom aktuellen Wert der Position aus, der eben variiert, verändert sich auch der Hebel der Position.

Trading mit Turbos

Was wird benötigt?

Geld

Einer der größten Vorteile von Hebelzertifikaten ist der geringe Kapitaleinsatz. Bereits ab wenigen hundert Euro macht es Sinn, Hebelzertifikate zu handeln.

Wertpapier-Depot

Um mit Hebelzertifikaten handeln zu können, benötigen Sie ein Wertpapierdepot bei einer Bank oder einem Discount-Broker. Je nach Ihrem Ordervolumen und der Anzahl Ihrer Transaktionen kann es durchaus preisliche Unterschiede geben. Aber Vorsicht: Nicht immer ist der günstigste Broker auch der beste. In Service, Erreichbarkeit und Zuverlässigkeit unterscheiden sich die Broker sehr. Da eine Kontoeröffnung meist kostenlos ist, gilt hier: vergleichen und ausprobieren.

Praxistipp:

Unter **http://www.brokertest.de** finden Sie eine sehr umfangreiche Seite über Discount-Broker sowie hilfreiche Preis-Leistungs-Vergleiche. Für eine Kontoeröffnung benötigen Sie den Kontoeröffnungsantrag der jeweiligen Bank und Ihren Personalausweis, um sich von der Post Ihre Identität bestätigen zu lassen.

Börsentermingeschäftsfähigkeit

Diese wird durch ein Formular nachgewiesen, das Sie bei Ihrer depotführenden Bank ausfüllen. Hierin wird ausdrücklich auf die hohen Risiken und das Totalverlustrisiko hingewiesen. Zudem bestätigen Sie mit Ihrer Unterschrift, dass Sie auf eigene Rechnung handeln.

Praxistipp:
Gehen Sie einfach zu Ihrer Bank oder schreiben Sie eine E-Mail an Ihren Online-Broker und fragen Sie nach dem Formular für die Börsentermingeschäftsfähigkeit.

Praktischer Handel mit Turbos

Zeit ist Geld, sagt ein altes Sprichwort. Dies trifft nicht zuletzt auch auf die Börse und speziell auf den Handel an der Börse zu. Interessanterweise bewahrheitet es sich sogar dann, wenn man nicht an der Börse, sondern außerbörslich handelt. So hat sich im Zuge der Verbreitung von Online- und Discount-Brokern auch der außerbörsliche Handel mehr und mehr etabliert. Speziell bei Optionsscheinen und Zertifikaten ist die Möglichkeit, direkt mit dem jeweiligen Emittenten zu handeln, eine immer mehr bevorzugte Variante. Was ist der außerbörsliche Handel genau? Wie funktioniert er, und was muss man dabei beachten?

Direkter Handel mit den Emittenten

Anleger haben nach wie vor die Möglichkeit, über die Parkettbörsen, über elektronische Systeme wie Xetra oder direkt mit den Banken zu handeln. Während man eine Order an den Parkettbörsen in gewohnter Weise mit Gültigkeitsdauer der Order (tagesgültig, ultimo oder bis zu einem bestimmten Datum) platziert und dabei noch Zusätze wie Limit oder Stopp-Buy ergänzen kann – manche Broker bieten noch weitere Möglichkeiten, wie etwa „Fill-or-Kill“ und „Intermediate-or-Cancel“ –, gestaltet sich der direkte Handel mit Emittenten ein wenig anders.

Volumen als Entscheidungsgröße

Eine häufig anzutreffende Meinung beim Handel von Hebelzertifikaten ist, dass die Liquidität eines Turbos ein wichtiges Kriterium sei. Gerade am Beispiel des außerbörslichen Handels wird jedoch klar, dass dem nicht so ist. So stellt der Emittent für jeden seiner Scheine während der Handelszeit ständig Kurse. Die Handelszeit ist dabei an Börsentagen meist zwischen 8 Uhr und 22 Uhr. Da der Emittent immer den Gegenpart einnimmt, ist es unerheblich, wie hoch das gehandelte Volumen ist.

Orders werden vom Emittenten „herausgefischt"

Auch diese Meinung lässt sich durch den außerbörslichen Handel ganz klar widerlegen. So sind bei der Deutschen Bank durchschnittlich zwölf Händler mit dem Handel von Optionsscheinen und Hebelzertifikaten beschäftigt. Natürlich variiert diese Zahl in Abhängigkeit von der Tageszeit, da im nachbörslichen Handel im Allgemeinen weniger los ist als im Tageshandel. Somit hat ein Händler eine Vielzahl von Scheinen zu betreuen, bei denen er selbst nicht jeden einzelnen ständig überblicken kann. Vielmehr macht der Computer die meiste Arbeit: Er stellt die Bid- und Ask-Kurse, und der Händler bekommt nur noch spezielle Orders zu Gesicht. Während Orders im normalen Umfang durch das System laufen, ohne dass sich der Händler darum kümmern muss, sind bestimmte Sicherheitsmechanismen eingebaut. So erscheint auf dem Bildschirm des Händlers beispielsweise ein Fenster, wenn eine Order unverhältnismäßig groß ist. Ebenfalls ist für die Ordergröße eines Scheins eine bestimmte Zeit maßgeblich, so dass der Händler über eine Order informiert wird. Hierzu ein Beispiel: Für einen Wave-Call auf DaimlerChrysler ist eingestellt, dass sich ein Fenster öffnet, wenn innerhalb von drei Minuten mehr als 20.000 Stück gehandelt werden. Wer nun meint, dass der Handel den Tag über eher stark und nach Börsenschluss tendenziell stark abnimmt, liegt jedoch falsch. Häufig nimmt der Handel zwischen 17 und 20 Uhr ab, um anschließend wieder anzuziehen.

Spreads

Viele Anleger befürchten weiter, dass der Emittent den Spread variiert, wie er gerade möchte. Der Spread eines Optionsscheins ist jedoch immer auch vom Spread des Basiswerts abhängig. Ist ein Spread beim Basiswert entsprechend hoch, kann er beim Optionsschein nicht vergleichsweise niedrig sein. Die Spreads decken auch die Kosten ab, die dem Emittenten durch das Hedging entstehen. Je schwieriger diese Absicherung ist, desto höher ist auch die Spanne zwischen An- und Verkaufskurs. Da der Optionsscheinmarkt mittlerweile sehr eng geworden ist, können es sich Emittenten eigentlich nicht leisten, einen weiten Spread anzubieten, da sonst die Scheine der Konkurrenz gekauft werden.

Kurse werden gestellt

Und wie gestaltet sich nun der außerbörsliche Handel selbst? Als Anleger gibt man dabei seine Order in eine Ordermaske ein. Je nach Discount-Broker kann dabei die Oberfläche unterschiedlich aussehen. Wichtiger ist das System, das hinter dieser Maske steckt. So haben sich im Laufe der Zeit drei Systeme etabliert, über welche die verschiedenen Emittenten handeln. Das am weitesten verbreitete ist CATS, über das der Handel von Optionsscheinen der Citibank, Goldman Sachs, Bankgesellschaft Berlin, BNP Paribas, Deutsche Bank, JP Morgan, Merril Lynch und UBS Warburg läuft. Daneben gibt es noch NADINE (Société Générale) und vwd Tradelink (Lang & Schwarz, HSBC Trinkaus & Burkhard). Viele Emittenten haben zwar ein eigenes System, jedoch haben sich die oben genannten durchgesetzt. So ist es letztendlich auch mit Kosten verbunden, ein neues System einzuführen. Gerade die Discount-Broker geben hier den Takt an, da die Kosten für die Einführung eines weiteren Systems gerade bei ihnen zu einem zusätzlichen Aufwand führen würden. Aus diesem Grund entscheiden sich immer mehr Emittenten, das eigene Systems zurückzustellen und stattdessen lieber über bewährte Plattformen zu gehen, auch wenn dies für den Emittenten zunächst mit höheren Kosten verbunden ist. Doch welcher Emittent kann es sich langfristig leisten, dass seine Produkte nicht direkt gehandelt werden können? Wohl keiner.

Discount-Broker geben den Takt an

Wie bereits erwähnt, hängt es letztendlich vom jeweiligen Online-Broker ab, welche Scheine oder Zertifikate außerbörslich gehandelt werden können. Ebenfalls unterschieden werden muss dabei, ob dies nur telefonisch oder auch online möglich ist.

Die einzelnen außerbörslichen Handelsplattformen unterscheiden sich nicht nur dem Namen nach. Auch hinsichtlich des Zeitfensters, in dem die Kurse gestellt werden, gibt es Unterschiede. Dies gilt gleichermaßen für Zusätze. So ist beispielsweise über das System NADINE der Société Générale auch die Angabe eines Limits erforderlich. Dies liegt daran, dass die Kurse über NADINE ständig aktualisiert werden und der Anleger nur zum momentanen Kurs handeln kann. Die anderen Systeme haben jedoch eines gemeinsam: Der Anleger bekommt für eine gewisse Dauer sowohl einen An- als auch einen Verkaufskurs zur Verfügung gestellt, zu dem er handeln kann. Bestätigt er mit dem Kauf- bzw. Verkaufsbutton, so ist der Handel abgeschlossen. Der Zeitraum, in dem man einen handelbaren Kurs gestellt bekommt, unterscheidet sich jedoch immens. Während bei CATS dieses Zeitfenster bis zu sieben Sekunden dauert, ist bei vwd Tradelink eine Dauer von 20 (Trinkaus) bzw. 35 Sekunden (Lang & Schwarz) möglich. Dann hat der Emittent jedoch die Möglichkeit, die Ausführung des Kurses abzulehnen, wenn sich der Kurs des Underlyings zwischenzeitlich geändert hat (trade rejection).

Im Handelsraum

Der Ausführungskurs wird dem Kunden vom Computer des Emittenten zur Verfügung gestellt. Man muss sich den Ablauf in etwa so vorstellen: Als Anleger gibt man die Order bei seinem Discount-Broker in das jeweilige System ein. Dieses leitet die Order direkt in den Handelsraum des Emittenten an den Computer des zuständigen Händlers. Ist die Order im üblichen Rahmen, wird vom Computer automatisch ein Kurs gestellt. Diesen erhält der Anleger in seinem System angezeigt. Ist die Order verhältnismäßig groß oder treffen innerhalb kürzester Zeit mehrere Orders beim Händler ein, welche die vordefinierte Größe übertreffen, öffnet sich beim Händler ein Fenster, auf dem er noch einmal Ordermenge sowie Bid- und Ask-Kurs sieht. Letztendlich ist der Händler damit das letzte Kontrollorgan des Emittenten.

Der richtige Preis – aber wie?

Nachdem der Handel erläutert wurde, stellt sich nun die Frage, wie sich ein Kurs für einen Turbo zusammensetzt, wenn der zugrunde liegende Basiswert nicht mehr gehandelt wird.

Hierzu folgendes Beispiel: Ein Anleger möchte um 20:15 Uhr einen DAX Turbo-Call erwerben, der DAX wird jedoch nur bis 20 Uhr gehandelt. Dazu verwendet beispielsweise die Citibank die Berechnung des Citi-DAX, ein bei der Citibank entwickeltes System für die nachbörsliche Kursfeststellung. Für den Kurs des DAX spielen dabei Dow Jones, S&P 500 sowie der Nasdaq eine Rolle. Anhand des richtigen „Mischungsverhältnisses", das einerseits auf Erfahrungswerten beruht, andererseits aber häufig fein abgestimmt wird, wird der aktuelle Kurs des DAX sozusagen extrapoliert. Nach diesem Prinzip werden auch andere Underlyings berechnet, da man auch hier Erfahrungswerte besitzt, die einen realistischen Preis möglich machen.

Hedging und Konkurrenz

Betrachtet man den Platz eines Händlers näher, so fallen zunächst die vielen Bildschirme auf. Neben Informationssystemen, wie Reuters oder Bloomberg, gibt es auch noch Monitore, auf denen die vom Händler zu betreuenden Scheine gelistet sind. Da die nachbörsliche Kursbildung berechnet werden muss, ist ein Bildschirm dafür reserviert. Daneben hat der Händler aber auch noch Informationen darüber, wie groß seine momentanen Positionen sind, mit denen er die Geschäfte mit Hebelzertifikaten und Turbo-Optionsscheinen über die Terminbörsen absichert. Hier hat der Händler im gewissen Maße Freiraum, die Positionen auszugleichen, wenngleich es von den einzelnen Emittenten natürlich Richtlinien über den Rahmen des Hegde gibt.

Akzeptanz des außerbörslichen Handels

Durch den außerbörslichen Handel lassen sich viele Mythen im Optionsschein- und Hebelzertifikate-Geschäft entzaubern. Auch wird klar, dass er in puncto Schnelligkeit mehr als nur eine Alternative zum Parketthandel darstellt. Durch die zunehmende Akzeptanz der Optionsschein-Plattform CATS, die von der Citibank entwickelt wurde und der sich immer mehr Emittenten anschließen, erschließen sich dem Privatanleger immer mehr professionelle Möglichkeiten. So ist es nicht verwunderlich, dass mittlerweile große Geschäfte an der Börse vorbei laufen und direkt mit den einzelnen Emittenten abgeschlossen werden.

Zertifikate auf dem Vormarsch
Der momentane Aufwärtstrend der Zertifikate lässt sich klar erkennen. Ebenso wird deutlich, ab welchem Zeitpunkt die Emittenten verstärkt auch Hebelprodukte als Optionsschein-Konstruktion herausbrachten.

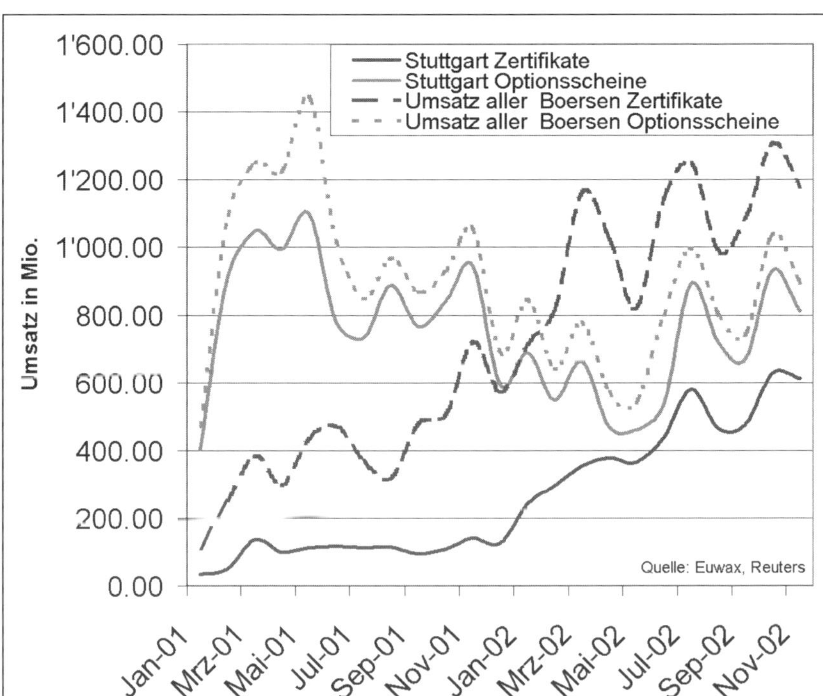

Börslicher Handel

Im Handel über das Börsenparkett zeigt sich in den vergangenen Jahren, dass die Stuttgarter Euwax in Bezug auf Optionsscheine und Hebelzertifikate die Nase vorn hat. Dies ist nicht zuletzt auch an den deutlich höheren Umsätzen im Vergleich zu anderen Börsen erkennbar. Wir möchten an dieser Stelle noch einmal darauf hinweisen, dass der Umsatz bei der Auswahl eines Scheins keine Rolle spielt, da der Emittent im börslichen Handel als Market Maker auftritt und jederzeit handelbare Kurse garantiert.

Euwax auch im Zertifikatehandel weiter vorne
Aus der *Grafik* wird deutlich, dass die Stuttgarter Euwax auch im Bereich der Zertifikate weiter Marktanteile gewinnt.

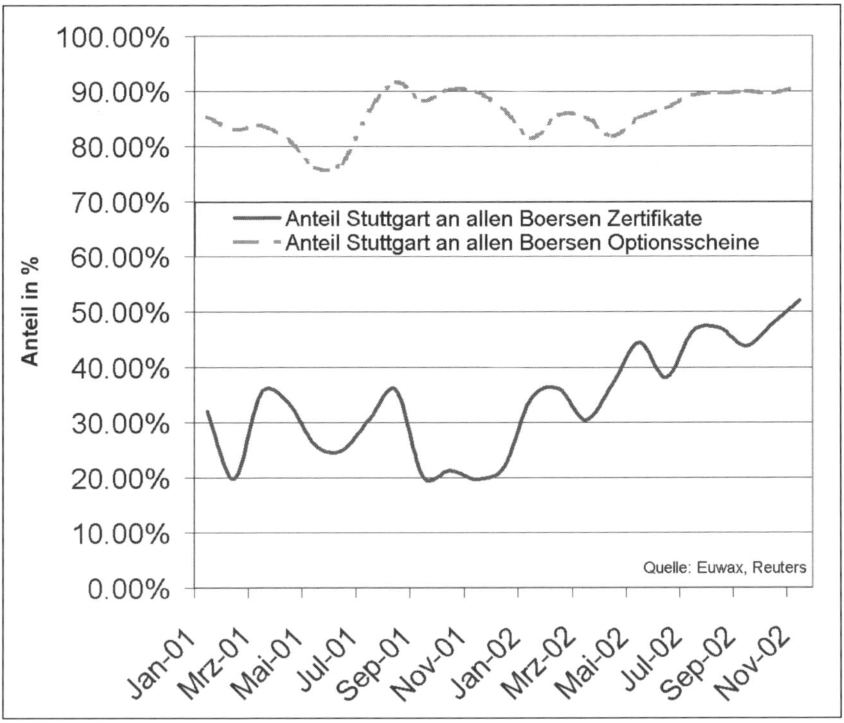

Orderzusätze

Da sich durch die richtige Handhabung von Orderzusätzen die Gewinne bei den volatilen Hebelzertifikaten deutlich erhöhen lassen, möchten wir im Folgenden die verschiedenen Möglichkeiten genauer darstellen, die es bei der Aufgabe einer Order gibt.

Fast alle professionellen Investoren arbeiten mit Stop-Loss- und Stop-Buy-Orders. Was bedeutet das? Eine Übersicht liefert die auf der nächsten Seite folgende Tabelle.

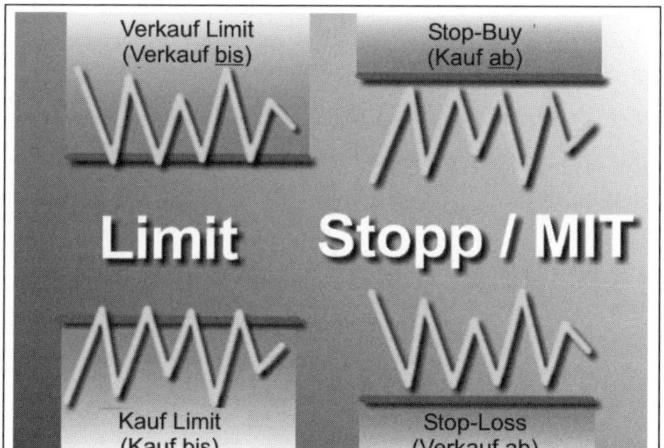

Bild 11: Die vier verschiedenen Limit-Techniken

KAUFEN (Gültigkeit des Limits frei wählbar)

Orderzusatz	Beschreibung	Beispiel
„Billigst" kaufen (ohne Limit; nicht zu empfehlen)	Kaufen, egal zu welchem Preis, d. h. die Order wird auf jeden Fall ausgeführt.	Man ist vom Kursanstieg eines Turbos felsenfest überzeugt und möchte ihn auf jeden Fall kaufen. Man erteilt einen Kaufauftrag ohne Limit („billigst"). Bei Orderaufgabe stand der Turbo bei sieben Euro. Die Ausführung der Order erfolgt dann aber beispielsweise erst zu 7,10 Euro.
Limit setzen	Kaufen, jedoch nur bis maximal zu diesem Preis	Man möchte einen Turbo kaufen, jedoch max. für sieben Euro (= Limit sieben Euro). Bis der Auftrag die Börse erreicht, steht der Schein bei 7,10 Euro und fällt an diesem Tag nicht mehr darunter. Somit wird die Order nicht ausgeführt. Ist die Order nicht tagesgültig, sonder auch über den Börsentag hinaus gültig, würde sie beispielsweise am nächsten Tag aufgehen, wenn der Kurs des Turbos unter die Marke von sieben Euro fällt.
Stop-Buy-Limit setzen	Kaufen, sobald dieser Preis erreicht bzw. überschritten wird.	Man möchte einen Turbo kaufen, sobald er z. B. den chart-technischen Widerstand bei sieben Euro überwunden hat. Man erteilt einen Auftrag mit dem Zusatz Stop-Buy bei sieben Euro. Sobald diese Marke überwunden wird, wird die Order zum nächsten gehandelten Kurs ausgeführt, beispielsweise zu 7,10 Euro.

VERKAUFEN (Gültigkeit des Limits frei wählbar)

Orderzusatz	Beschreibung	Beispiel
„Bestens“ verkaufen (ohne Limit; nicht zu empfehlen!)	Verkaufen, egal zu welchem Preis	Man ist vom Rückgang eines Turbos überzeugt und möchte ihn auf jeden Fall verkaufen. Man erteilt einen Verkaufauftrag ohne Limit („bestens“). Bei Orderaufgabe stand der Turbo noch bei 7,10 Euro, die Ausführung erhält man aber beispielsweise erst zu sieben Euro.
Limit setzen	Verkaufen, jedoch mindestens zu diesem Preis	Man möchte einen Turbo verkaufen, jedoch mindestens für sieben Euro (= Limit 7 Euro). Bis der Auftrag die Börse erreicht steht der Schein zwar bei 6,90 Euro, er steigt an diesem Tag aber auf sieben Euro. Man verkauft ihn somit zu 7 Euro.
Stop-Loss-Limit setzen (sehr wichtig!)	Verkaufen, sobald dieser Preis erreicht bzw. unterschritten wird.	Man möchte einen Turbo verkaufen, sobald er unter sechs Euro fällt. Somit erteilt man einen Verkaufsauftrag mit dem Zusatz Stop-Loss bei sechs Euro. Abhängig von der Gültigkeitsdauer der Order wird der Schein zum nächsten gehandelten Kurs verkauft, sobald er unter die Marke von sechs Euro fällt.

Besonderheiten

Gerade Einsteiger haben mit Orderzusätzen zunächst ihre Probleme. So ist häufig unklar, dass eine Position, die man bereits per Limit zum Verkauf gestellt hat (um sich den erwarteten Gewinn zu sichern), nicht mehr durch einen Stopp-Kurs abgesichert werden kann. Wäre dies möglich, so lägen für eine bestehende Positionsgröße zwei Verkaufsorders im Markt. Man sollte sich daher vorher entscheiden, ob man die Position absichern oder verkaufen möchte. Dies gilt jedoch nicht für Börsen bzw. Broker, die One-Cancels-Others-Orders akzeptieren.

Häufig ist es Einsteigern auch unklar, dass gerade Stopp-Orders (oder Market-if-touched-Orders) oftmals nicht zum gewünschten Stopp-Kurs ausgeführt werden – gerade wenn ein Overnight Gap vorliegt, d. h. der Kurs am nächsten Tag mit einer Kurslücke unterhalb des Stopps eröffnet, die Position erst zum nächsten, gehandelten Kurs ausgeführt wird. Dies ist ein Beispiel dafür, wie es zu ungewollten Verlusten kommen kann.

Gerade im Bereich Hebelprodukte ist die Wahl des Börsenplatzes ein wichtiges Kriterium. So hat sich beispielsweise die EUWAX auf das Thema Optionsscheine bzw. Zertifikate spezialisiert und garantiert durch das Market-Maker-Prinzip jederzeit handelbare Kurse. Würde man die Zertifikate-Order über eine andere Börse leiten, so kann es teilweise vorkommen, dass der Stopp-Kurs erst sehr viel später zur Ausführung kommt, da zuvor kein Handel zustande gekommen ist. Bis die Order dann zur Ausführung kommt, kann somit unnötig Zeit vergehen. Ebenfalls zu beachten ist, dass nicht jede Börse jeden Orderzusatz zulässt. So sind gerade die eher exotischen Zusätze, wie beispielsweise Contingent oder OCO, in der Regel nur an US-Börsen möglich.

Interessantes im Internet

Beim Handel mit Hebelzertifikaten ist es besonders wichtig die Preise stets im Auge zu behalten. Hierbei bieten sich folgende Möglichkeiten an:

- **Internet:**
  Jedes Emissionshaus verfügt über eine eigene Internetadresse, unter der auch aktuelle Preise zu den jeweiligen Turbos zu finden sind. Zudem bieten auch unabhängige Finanzportale wie **www.onvista.de** und **www.finanztreff.de** aktuelle Kurse an.

- **Videotext:**
  Für Anleger, die nicht über einen eigenen Internetanschluss verfügen, bietet sich die Kursabfrage per Videotext an. Neben den Textangeboten der staatlichen TV-Sender ARD und ZDF überzeugt insbesondere das Angebot des Nachrichtensenders n-tv.

- **Tageszeitung:**
  Diese Quelle ist weniger zu empfehlen, da die Kurse mit einem Tag Verspätung publiziert werden und zudem nur unvollständig das breite Spektrum der mittlerweile angebotenen Turbos abdecken.

Die genauen Internetadressen bzw. Videotextseiten der einzelnen Emittenten finden sich in unserer Emittenten-Übersicht am Ende des Buches. Auf den folgenden Seiten erhalten Sie eine Beschreibung und Bewertung interessanter Internetauftritte zum Thema „Hebelzertifikate und Turbo-Optionsscheine“.

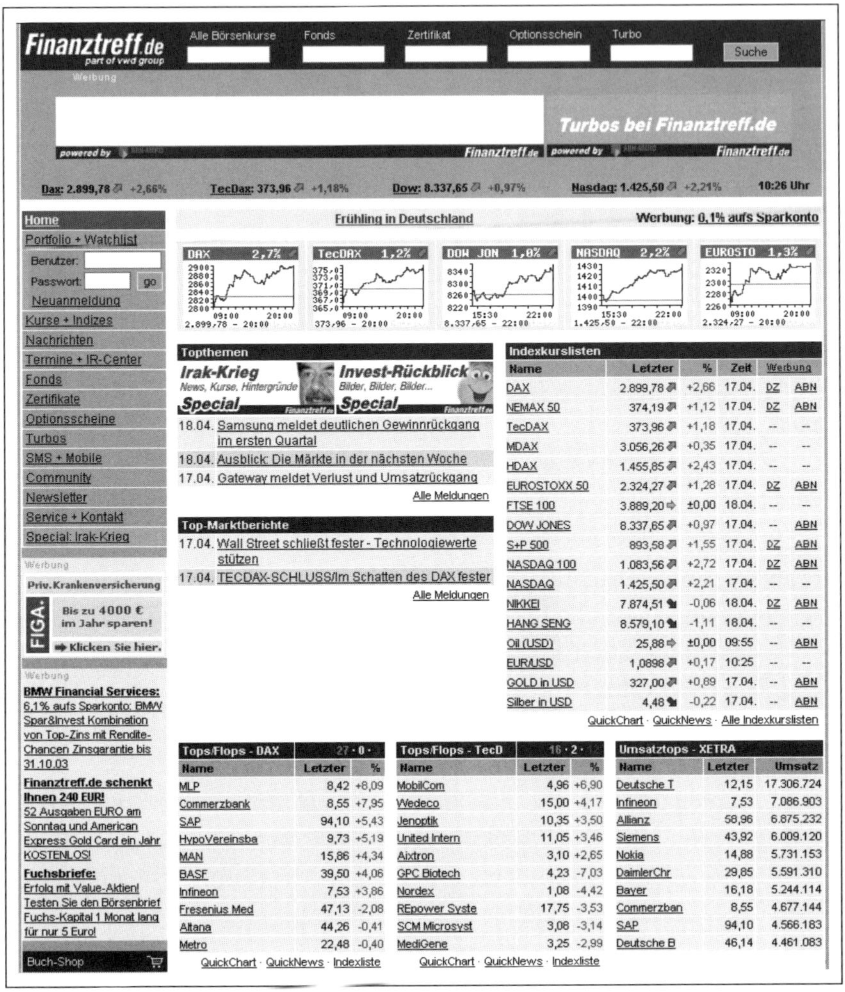
Finanztreff.de
part of vwd group
Alle Börsenkurse
Fonds
Zertifikat
Optionsschein
Turbo
Suche
Werbung
Turbos bei Finanztreff.de
Dax: 2.899,78 +2,66%
TecDax: 373,96 +1,18%
Dow: 8.337,65 +0,97%
Nasdaq: 1.425,50 +2,21%
10:26 Uhr
Home
Portfolio + Watchlist
Benutzer:
Passwort:
go
Neuanmeldung
Kurse + Indizes
Nachrichten
Termine + IR-Center
Fonds
Zertifikate
Optionsscheine
Turbos
SMS + Mobile
Community
Newsletter
Service + Kontakt
Special: Irak-Krieg
Frühling in Deutschland
Werbung: 0,1% aufs Sparkonto
DAX 2,7%
TecDAX 1,2%
DOW JON 1,0%
NASDAQ 2,2%
EUROSTO 1,3%
Topthemen
Irak-Krieg
News, Kurse, Hintergründe
Special
Invest-Rückblick
Bilder, Bilder, Bilder...
Special
18.04. Samsung meldet deutlichen Gewinnrückgang im ersten Quartal
18.04. Ausblick: Die Märkte in der nächsten Woche
17.04. Gateway meldet Verlust und Umsatzrückgang
Alle Meldungen
Top-Marktberichte
17.04. Wall Street schließt fester - Technologiewerte stützen
17.04. TECDAX-SCHLUSS/Im Schatten des DAX fester
Alle Meldungen
Indexkurslisten
Name Letzter % Zeit Werbung
DAX 2.899,78 +2,66 17.04. DZ ABN
NEMAX 50 374,19 +1,12 17.04. DZ ABN
TecDAX 373,96 +1,18 17.04.
MDAX 3.056,26 +0,35 17.04.
HDAX 1.455,85 +2,43 17.04.
EUROSTOXX 50 2.324,27 +1,28 17.04. DZ ABN
FTSE 100 3.889,20 ±0,00 18.04.
DOW JONES 8.337,65 +0,97 17.04. ABN
S+P 500 893,58 +1,55 17.04. DZ ABN
NASDAQ 100 1.083,56 +2,72 17.04. DZ ABN
NASDAQ 1.425,50 +2,21 17.04.
NIKKEI 7.874,51 -0,06 18.04. DZ ABN
HANG SENG 8.579,10 -1,11 18.04.
Oil (USD) 25,88 ±0,00 09:55 ABN
EUR/USD 1,0898 +0,17 10:25
GOLD in USD 327,00 +0,69 17.04. ABN
Silber in USD 4,48 -0,22 17.04. ABN
QuickChart · QuickNews · Alle Indexkurslisten
Werbung
Priv. Krankenversicherung
FIGA
Bis zu 4000 € im Jahr sparen!
Klicken Sie hier.
Werbung
BMW Financial Services:
6,1% aufs Sparkonto: BMW Spar&Invest Kombination von Top-Zins mit Rendite-Chancen Zinsgarantie bis 31.10.03
Finanztreff.de schenkt Ihnen 240 EUR!
52 Ausgaben EURO am Sonntag und American Express Gold Card ein Jahr KOSTENLOS!
Fuchsbriefe:
Erfolg mit Value-Aktien! Testen Sie den Börsenbrief Fuchs-Kapital 1 Monat lang für nur 5 Euro!
Buch-Shop
Tops/Flops - DAX
Name Letzter %
MLP 8,42 +8,09
Commerzbank 8,55 +7,95
SAP 94,10 +5,43
HypoVereinsba 9,73 +5,19
MAN 15,86 +4,34
BASF 39,50 +4,06
Infineon 7,53 +3,86
Fresenius Med 47,13 -2,08
Altana 44,26 -0,41
Metro 22,48 -0,40
QuickChart · QuickNews · Indexliste
Tops/Flops - TecD
Name Letzter %
MobilCom 4,96 +6,90
Wedeco 15,00 +4,17
Jenoptik 10,35 +3,50
United Intern 11,05 +3,46
Aixtron 3,10 +2,65
GPC Biotech 4,23 -7,03
Nordex 1,08 -4,42
REpower Syste 17,75 -3,53
SCM Microsyst 3,08 -3,14
MediGene 3,25 -2,99
QuickChart · QuickNews · Indexliste
Umsatztops - XETRA
Name Letzter Umsatz
Deutsche T 12,15 17.306.724
Infineon 7,53 7.086.903
Allianz 58,96 6.875.232
Siemens 43,92 6.009.120
Nokia 14,88 5.731.153
DaimlerChr 29,85 5.591.310
Bayer 16,18 5.244.114
Commerzban 8,55 4.677.144
SAP 94,10 4.566.183
Deutsche B 46,14 4.461.083

FINANZTREFF.DE

URL: http://www.finanztreff.de (Unterrubrik > Turbos)

Inhalt:

- Aktuelle Kurse
- Top-10-Gewinner/Verlierer-Liste
- Hebelzertifikate-Suchfunktion
- Sechsteilige Basiswissen-Rubrik
- Aktuelle Neuemissionen
- Liste der Umsatz-/Volumen-Tops
- E-Mail-Benachrichtigung gratis (nützlich für Stopps)
- Musterdepot und Watchlist

Bewertung:

Der Internetauftritt von Finanztreff.de bietet eine Vielzahl an Informationen. Besonders interessant sind dabei die Tools, die beim Handel mit Hebelzertifikaten helfen, wie Time&Sales-Listen oder die Benachrichtigung bei einer Über- oder Unterschreitung von vorher festgelegten Marken per E-Mail. Registrierte Nutzer können sich zusätzlich für unbegrenzt viele Realtime-Kurse der Börse Stuttgart freischalten lassen. Besonders erfreulich ist, dass im Gegensatz zu anderen Seiten alle Emittenten berücksichtigt werden.

Summa summarum handelt es sich bei Finanztreff.de um ein hervorzuhebendes Informationsangebot im Bereich Hebelzertifikate und Turbo-Optionsscheine.

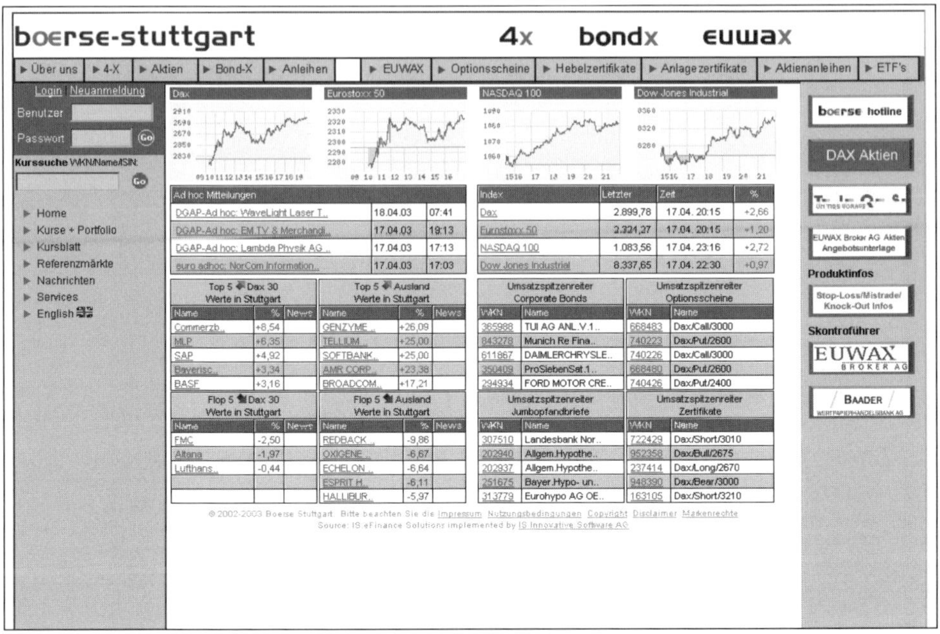
boerse-stuttgart
4x
bondx
euwax
► Über uns ► 4-X ► Aktien ► Bond-X ► Anleihen ► EUWAX ► Optionsscheine ► Hebelzertifikate ► Anlage zertifikate ► Aktienanleihen ► ETF's
Login Neuanmeldung
Benutzer
Passwort
Kurssuche WKN/Name/ISIN:
► Home
► Kurse + Portfolio
► Kursblatt
► Referenzmärkte
► Nachrichten
► Services
► English
Dax
Eurostoxx 50
NASDAQ 100
Dow Jones Industrial
Ad hoc Mitteilungen
DGAP-Ad hoc: WaveLight Laser T.. 18.04.03 07:41
DGAP-Ad hoc: EM.TV & Merchandi.. 17.04.03 19:13
DGAP-Ad hoc: Lambda Physik AG .. 17.04.03 17:13
euro adhoc: NorCom Information.. 17.04.03 17:03
Index Letzter Zeit %
Dax 2.899,78 17.04. 20:15 +2,66
Eurostoxx 50 2.324,27 17.04. 20:15 +1,20
NASDAQ 100 1.083,56 17.04. 23:16 +2,72
Dow Jones Industrial 8.337,65 17.04. 22:30 +0,97
Top 5 Dax 30 Werte in Stuttgart
Name % News
Commerzb.. +8,54
MLP +6,35
SAP +4,92
Bayerisc.. +3,34
BASF +3,16
Top 5 Ausland Werte in Stuttgart
Name % News
GENZYME .. +26,09
TELLIUM .. +25,00
SOFTBANK.. +25,00
AMR CORP.. +23,38
BROADCOM.. +17,21
Umsatzspitzenreiter Corporate Bonds
WKN Name
365988 TUI AG ANL.V.1..
843278 Munich Re Fina..
611867 DAIMLERCHRYSLE..
350409 ProSiebenSat.1..
294934 FORD MOTOR CRE..
Umsatzspitzenreiter Optionsscheine
WKN Name
668483 Dax/Call/3000
740223 Dax/Put/2600
740226 Dax/Call/3000
668480 Dax/Put/2600
740426 Dax/Put/2400
Flop 5 Dax 30 Werte in Stuttgart
Name % News
FMC -2,50
Altana -1,97
Lufthans.. -0,44
Flop 5 Ausland Werte in Stuttgart
Name % News
REDBACK .. -9,86
OXIGENE .. -6,67
ECHELON .. -6,64
ESPRIT H.. -6,11
HALLIBUR.. -5,97
Umsatzspitzenreiter Jumbopfandbriefe
WKN Name
307510 Landesbank Nor..
202940 Allgem.Hypothe..
202937 Allgem.Hypothe..
251675 Bayer.Hypo- un..
313779 Eurohypo AG OE..
Umsatzspitzenreiter Zertifikate
WKN Name
722429 Dax/Short/3010
952358 Dax/Bull/2675
237414 Dax/Long/2670
948390 Dax/Bear/3000
163105 Dax/Short/3210
© 2002-2003 Boerse Stuttgart. Bitte beachten Sie die Impressum Nutzungsbedingungen Copyright Disclaimer Markenrechte
Source: IS.eFinance Solutions implemented by IS Innovative Software AG
boerse hotline
DAX Aktien
EUWAX Broker AG Aktien Angebotsunterlage
Produktinfos
Stop-Loss/Mistrade/ Knock-Out Infos
Skontroführer
EUWAX BROKER AG
BAADER WERTPAPIERHANDELSBANK AG

EUWAX.DE

URL: http://www.euwax.de (Unterrubrik > Hebelzertifikate)

Inhalt:

- Hebelzertifikate-Suchfunktion
- Liste der Gewinner, Verlierer, Umsatzspitzenreiter, häufigste Kursfeststellungen, Most Active
- Hebelzertifikate-Suchfunktion
- Historische Emittentenkurse
- Kurze Einsteiger-Rubrik
- Ausgeknockte Produkte
- Portfolio-Funktion

Bewertung:
Die Seite der Börse Stuttgart offeriert ein wertvolles Alleinstellungsmerkmal: Auf **www.euwax.de** lassen sich die historischen Kurse der Emittenten abrufen. Das ist besonders dann interessant, wenn eine Order nicht oder zu spät ausgeführt wurde oder dem Anleger der gestellte Kurs seltsam vorkommt. Auch die anderen Funktionen, wie beispielsweise die Time&Sales-Funktion, können überzeugen und runden das positive Bild ab.

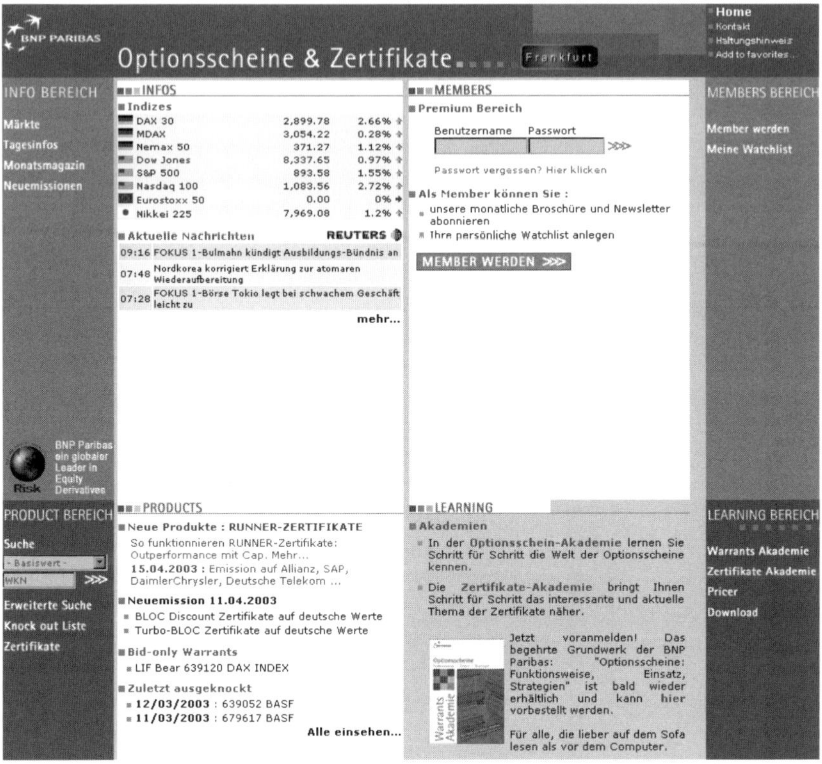
BNP PARIBAS
Optionsscheine & Zertifikate
Frankfurt
Home
Kontakt
Haftungshinweis
Add to favorites
INFO BEREICH
Märkte
Tagesinfos
Monatsmagazin
Neuemissionen
INFOS
Indizes
DAX 30 2,899.78 2.66%
MDAX 3,054.22 0.28%
Nemax 50 371.27 1.12%
Dow Jones 8,337.65 0.97%
S&P 500 893.58 1.55%
Nasdaq 100 1,083.56 2.72%
Eurostoxx 50 0.00 0%
Nikkei 225 7,969.08 1.2%
Aktuelle Nachrichten
REUTERS
09:16 FOKUS 1-Bulmahn kündigt Ausbildungs-Bündnis an
07:48 Nordkorea korrigiert Erklärung zur atomaren Wiederaufbereitung
07:28 FOKUS 1-Börse Tokio legt bei schwachem Geschäft leicht zu
mehr...
MEMBERS
Premium Bereich
Benutzername Passwort
Passwort vergessen? Hier klicken
Als Member können Sie :
unsere monatliche Broschüre und Newsletter abonnieren
Ihre persönliche Watchlist anlegen
MEMBER WERDEN
MEMBERS BEREICH
Member werden
Meine Watchlist
BNP Paribas ein globaler Leader in Equity Derivatives
Risk
PRODUCT BEREICH
Suche
- Basiswert -
WKN
Erweiterte Suche
Knock out Liste
Zertifikate
PRODUCTS
Neue Produkte : RUNNER-ZERTIFIKATE
So funktionieren RUNNER-Zertifikate: Outperformance mit Cap. Mehr...
15.04.2003 : Emission auf Allianz, SAP, DaimlerChrysler, Deutsche Telekom ...
Neuemission 11.04.2003
BLOC Discount Zertifikate auf deutsche Werte
Turbo-BLOC Zertifikate auf deutsche Werte
Bid-only Warrants
LIF Bear 639120 DAX INDEX
Zuletzt ausgeknockt
12/03/2003 : 639052 BASF
11/03/2003 : 679617 BASF
Alle einsehen...
LEARNING
Akademien
In der Optionsschein-Akademie lernen Sie Schritt für Schritt die Welt der Optionsscheine kennen.
Die Zertifikate-Akademie bringt Ihnen Schritt für Schritt das interessante und aktuelle Thema der Zertifikate näher.
Warrants Akademie
Jetzt voranmelden! Das begehrte Grundwerk der BNP Paribas: "Optionsscheine: Funktionsweise, Einsatz, Strategien" ist bald wieder erhältlich und kann hier vorbestellt werden.
Für alle, die lieber auf dem Sofa lesen als vor dem Computer.
LEARNING BEREICH
Warrants Akademie
Zertifikate Akademie
Pricer
Download

BNP Paribas

URL: http://www.warrants.bnpparibas.com/de/

Inhalt:

- Hebelzertifikate-Suchfunktion
- Persönliche Watchlist
- Online-Zertifikate-Akademie
- Bestellmöglichkeit für kostenloses Zertifikate-Magazin und -Buch
- Aktuelle Neuemissionen der BNP

Bewertung:
Die französische Bank BNP Paribas ist ein Pionier im Bereich Hebelzertifikate. Auch die speziell für Warrants und Zertifikate konzipierte Seite überzeugt. **Tipp:** Einsteigern empfehlen wir das von der BNP angebotene Buch „Zertifikate“. Dieses 246 Seiten umfassende Werk können interessierte Börsianer kostenlos und versandkostenfrei unter folgendem Link bestellen: **http://www.bnpparibas-warrants.de/buchbestellung.html** Zudem offeriert die BNP ein monatliches Print-Magazin mit aktuellen Neuemissionen, einem Marktbericht und Trading-Strategien. Dieses Heft wird ebenfalls unentgeltlich abgegeben und frei Haus zugeschickt.

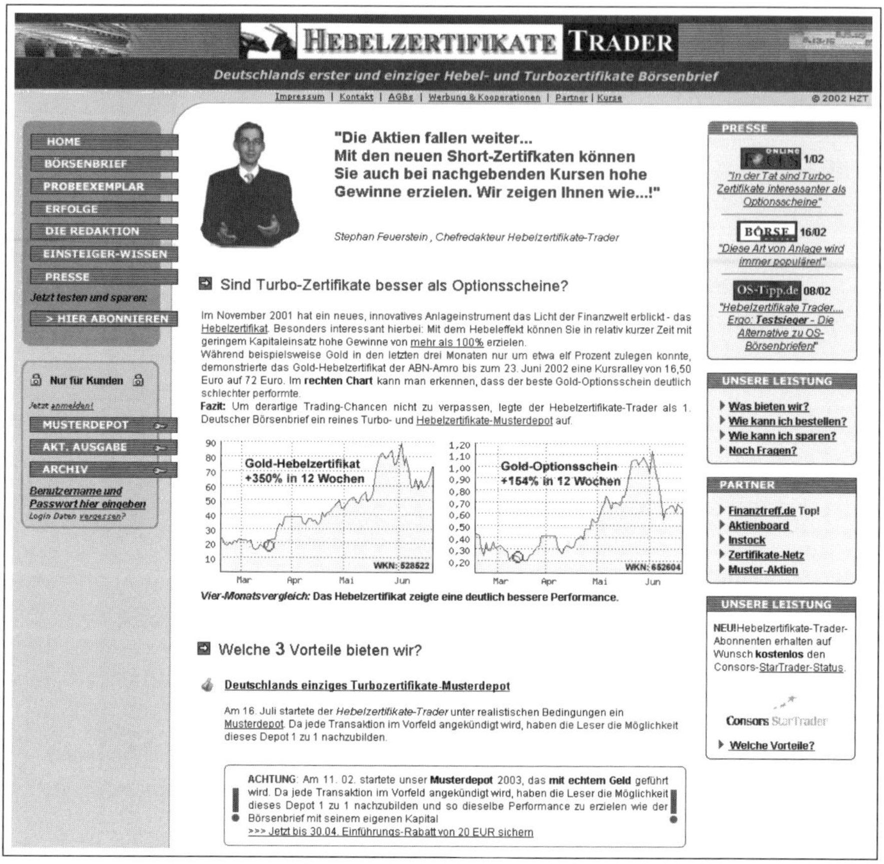
HEBELZERTIFIKATE TRADER
Deutschlands erster und einziger Hebel- und Turbozertifikate Börsenbrief
Impressum | Kontakt | AGBs | Werbung & Kooperationen | Partner | Kurse
© 2002 HZT
HOME
BÖRSENBRIEF
PROBEEXEMPLAR
ERFOLGE
DIE REDAKTION
EINSTEIGER-WISSEN
PRESSE
Jetzt testen und sparen:
> HIER ABONNIEREN
Nur für Kunden
Jetzt anmelden!
MUSTERDEPOT
AKT. AUSGABE
ARCHIV
Benutzername und Passwort hier eingeben
Login Daten vergessen?
"Die Aktien fallen weiter... Mit den neuen Short-Zertifkaten können Sie auch bei nachgebenden Kursen hohe Gewinne erzielen. Wir zeigen Ihnen wie...!"
Stephan Feuerstein, Chefredakteur Hebelzertifikate-Trader
Sind Turbo-Zertifikate besser als Optionsscheine?
Im November 2001 hat ein neues, innovatives Anlageinstrument das Licht der Finanzwelt erblickt - das Hebelzertifikat. Besonders interessant hierbei: Mit dem Hebeleffekt können Sie in relativ kurzer Zeit mit geringem Kapitaleinsatz hohe Gewinne von mehr als 100% erzielen.
Während beispielsweise Gold in den letzten drei Monaten nur um etwa elf Prozent zulegen konnte, demonstrierte das Gold-Hebelzertifikat der ABN-Amro bis zum 23. Juni 2002 eine Kursralley von 16,50 Euro auf 72 Euro. Im rechten Chart kann man erkennen, dass der beste Gold-Optionsschein deutlich schlechter performte.
Fazit: Um derartige Trading-Chancen nicht zu verpassen, legte der Hebelzertifikate-Trader als 1. Deutscher Börsenbrief ein reines Turbo- und Hebelzertifikate-Musterdepot auf.
Gold-Hebelzertifikat +350% in 12 Wochen
WKN: 528522
Gold-Optionsschein +154% in 12 Wochen
WKN: 652604
Mar Apr Mai Jun
Vier-Monatsvergleich: Das Hebelzertifikat zeigte eine deutlich bessere Performance.
Welche 3 Vorteile bieten wir?
Deutschlands einziges Turbozertifikate-Musterdepot
Am 16. Juli startete der Hebelzertifikate-Trader unter realistischen Bedingungen ein Musterdepot. Da jede Transaktion im Vorfeld angekündigt wird, haben die Leser die Möglichkeit dieses Depot 1 zu 1 nachzubilden.
ACHTUNG: Am 11. 02. startete unser Musterdepot 2003, das mit echtem Geld geführt wird. Da jede Transaktion im Vorfeld angekündigt wird, haben die Leser die Möglichkeit dieses Depot 1 zu 1 nachzubilden und so dieselbe Performance zu erzielen wie der Börsenbrief mit seinem eigenen Kapital.
>>> Jetzt bis 30.04. Einführungs-Rabatt von 20 EUR sichern
PRESSE
FOCUS ONLINE 1/02
"In der Tat sind Turbo-Zertifikate interessanter als Optionsscheine"
BÖRSE 16/02
"Diese Art von Anlage wird immer populärer!"
OS-Tipp.de 08/02
"Hebelzertifikate Trader.... Ergo: Testsieger - Die Alternative zu OS-Börsenbriefen!"
UNSERE LEISTUNG
Was bieten wir?
Wie kann ich bestellen?
Wie kann ich sparen?
Noch Fragen?
PARTNER
Finanztreff.de Top!
Aktienboard
Instock
Zertifikate-Netz
Muster-Aktien
UNSERE LEISTUNG
NEU! Hebelzertifikate-Trader-Abonnenten erhalten auf Wunsch kostenlos den Consors-StarTrader-Status.
Consors StarTrader
Welche Vorteile?

Hebelzertifikate-Trader

Der Börsenbrief der Autoren dieses Buches

URL: http://www.hebelzertifikate.de

Inhalt:

- Hebelzertifikate-Börsenbrief (Kosten: 99 Euro /Jahr)
- Hebelzertifikate-Suchfunktion
- Online-Zertifikate-Akademie
- Praxiswissen
- Häufig gestellte Fragen (FAQs) zum Thema Hebelzertifikate und Turbo-Optionsscheine

Bewertung:
Deutschlands erster und bislang auch einziger Börsenbrief, der sich ausschließlich dem Thema Hebelzertifikate und Turbo-Optionsscheine widmet, offeriert auf seiner Internetseite wertvolle Tools für Einsteiger. Insbesondere der auf der Internetseite kostenlos zur Verfügung gestellte fünfteilige Einsteigerkurs stellt eine wertvolle Hilfe dar. Hier können sich Neulinge einen ersten Überblick über die Materie der Turbos verschaffen. Zudem bietet der Hebelzertifikate-Trader die von der Börse Stuttgart entwickelte Hebelzertifikate-Suchfunktion an.

Die zehn Gebote für Turbo-Trader

1. Immer Stopp-Kurse setzen

Dies ist die wichtigste Regel überhaupt. Bei Hebelzertifikaten handelt es sich um hochriskante Derivate, denn der Chance auf hohe Gewinne steht ein potenzieller Totalverlust gegenüber. Doch auch wenn viele Anleger dieses Gebot als sinnvoll erachten, halten es die wenigsten konsequent durch. Grund: Viele Investoren setzen sich die Stopps nur „im Kopf".

Praxistipp!
Teilen Sie Ihrer Bank die Stopps direkt nach dem Kauf des Hebelzertifikats mit. Ein bewährter Trick bei der Risikominimierung ist es zudem, zunächst fünf Prozent seines frei verfügbaren Anlagekapitals in einen Schein zu investieren. Setzen Sie dann einen Stopp-Kurs, der 25 Prozent unter dem Einstandspreis des Zertifikats liegt. Sollte der Stopp-Kurs erreicht werden, verlieren Sie dann nur maximal 1,25 Prozent Ihres gesamten Anlagekapitals. Läuft die Position ins Plus, empfiehlt es sich, zur Sicherung der aufgelaufenen Gewinne den Stopp zuerst auf den Einstiegskurs zu setzen und dann regelmäßig nachzuziehen (= Trailing-Stop).

2. Nie gegen den Primärtrend spekulieren

Diese Regel richtet sich in erster Linie an mittelfristige Trader und weniger an Positions- oder Day-Trader: Für diese Gruppe von Anlegern gelten andere Zeithorizonte für den Primärtrend.

Gegen den charttechnischen Primärtrend zu spekulieren birgt mindestens 50 Prozent Verlustrisiko und sollte deshalb unterbleiben. Der Grund liegt darin, dass die Wahrscheinlichkeit einer Fortsetzung des Trends größer ist als die Wahrscheinlichkeit einer Trendumkehr. Es ist extrem schwierig, technische Gegenreaktionen oder gar eine Trendumkehr vorherzusagen. Warten Sie lieber, bis der Trend gebrochen ist, und setzen Sie dann mit Hebelzertifikaten auf eine Fortsetzung der Kursrichtung. Aussagen wie „Diese Aktie muss doch fallen“ können sehr teuer werden. Hinweis: Der Primärtrend bezieht sich in der Regel auf einen Zeithorizont von sechs bzw. zwölf Monaten.

3. Orders immer limitieren

Um nicht Gefahr zu laufen, zu einem völlig überhöhten Kurs zum Zuge zu kommen, sollten Sie die Orders stets mit dem Zusatz „Limit“ versehen. Unlimitierte Orders können zu bösen Überraschungen führen.

4. Depotanteil von höchstens 15 Prozent

Der Depotanteil an Turbozertifikaten sollte der Anlagestrategie entsprechen und nicht über 15 Prozent des Gesamtvermögens gehen. Aufgrund der Verlustrisiken mit Hebelzertifikaten ist dringend davon abzuraten, kurzfristig benötigtes Geld in Turbos zu stecken.

5. Turbozertifikate mit hohem Aufgeld/Spread meiden

Je höher der Spread bzw. das Aufgeld, desto geringer die Rendite. Achten Sie daher bei der Auswahl auf eine geringe Spanne zwischen An- und Verkaufskursen. Ein fairer Spread liegt beispielsweise bei 2 bis 3 Cent Differenz zwischen Kauf- und Verkaufspreis bei einem Turbozertifikate-Preis von drei Euro.

Daneben sollten Anleger Scheine mit hohem Aufgeld meiden, das insbesondere bei Turbos mit extrem langen Laufzeiten vorzufinden ist. Besser ist es, Scheine mit kurzer bis mittlerer Laufzeit zu wählen und diese dann gegebenenfalls gegen neue Scheine zu tauschen („rollen"). Da sich das Aufgeld bei Turbos im Gegensatz zu Optionsscheinen auch zum Ende der Laufzeit linear abbaut, bieten relativ kurz laufende Scheine gewisse Vorteile. Zudem werden in der Regel Turbos ohnehin mit Laufzeiten von wenigen Wochen emittiert.

6. Mit Turbozertifikaten nie auf Kredit spekulieren

Kreditspekulationen sind bei Hebelzertifikaten sowohl für Anfänger als auch für erfahrene Trader tabu. Ein besonders schmerzhafter Fehler, den Zertifikate-Investoren machen, ist der Totalverlust. Wenn das eingesetzte Geld nur jenes war, das man ohnehin nur für derartige Spekulationen bereitgestellt hat, könnte man noch einmal ein Auge zudrücken und das Übel ertragen. Wirklich schmerzlich wird es aber, wenn das verlorene Geld von Fremdkapitalgebern, etwa Banken oder Verwandten, stammt. Verwenden Sie zur Spekulation nur Kapital, das Sie kurzfristig nicht benötigen.

7. Turbozertifikate mit zu hohem Hebel meiden

Scheine mit zu hohem Hebel sollten gemieden werden, weil die Gefahr, ausgestoppt zu werden, deutlich erhöht ist. Viele Anleger wenden sich nach einiger Zeit wieder von den Hebelzertifikaten ab, was oft in hohen Verlusten begründet liegt. Das schnelle Geld vor Augen, kaufen „Zocker" ausschließlich hochgehebelte Scheine in der Nähe der K.o.-Schwelle, wobei das Risiko eines Totalverlustes dabei besonders hoch ist. Langfristige Studien haben jedoch gezeigt, dass 80 Prozent der Anleger mit solch einer Strategie Verluste generieren. Als wesentlich fruchtbarer gilt eine mittelfristig orientierte Depotführung mit moderatem Hebel (zwischen drei und fünf). Ausnahme: Bei weniger volatilen Basiswerten kann man auch zu einem höheren Hebel greifen.

8. Erst informieren – dann kaufen

Hebelzertifikate mit Stop-Loss-Barriere, Mini-Futures, Turbos, XXL Waves, LIF-Hebelzertifikate – die Liste der Hebelzertifikate-Konstrukte lässt sich beliebig weiterführen. Kaufen Sie kein Produkt, von dem Sie nicht vollständig verstehen, wie es funktioniert. Lesen Sie die Produktinformationen sorgfältig durch, und prüfen Sie Ihre Gewinnchancen. Spielen Sie rechnerisch auch durch, was mit dem Kurs passiert, falls sich Ihre Markterwartung als falsch herausstellen sollte.

9. Regelmäßig die Kurse kontrollieren

Um nicht Gefahr zu laufen, ausgeknockt zu werden, sollten Sie die Kurse im Idealfall täglich überprüfen. Nicht selten kommt es vor, dass Anleger das Laufzeitende ihres Turbos vergessen haben. Auch bleibt in diesem Idealfall die Überraschung aus, dass das noch vor wenigen Wochen kontrollierte Papier seit einigen Tagen nicht mehr gehandelt wird, da das Underlying knapp die K.o.-Barriere gestreift hat und selbst der steuerlich sinnvolle Verkauf des Turbos nicht mehr möglich ist.

Praxistipp!

Richten Sie sich eine Watchlist bei einem Internetdienst ein. Beispielsweise bietet das Portal Finanztreff.de eine sofortige E-Mail-Benachrichtigung für den Fall, dass Ihr Hebelzertifikat eine Stopp-Marke unterschreitet. Dies kann Sie vor herben Verlusten bewahren.

10. Rechtzeitig verkaufen

Kaufen und liegen lassen mag bei guten Aktien eventuell aussichtsreich sein, bei Hebelzertifikaten ist dies in den meisten Fällen ein fataler Fehler. Wenn Ihre Position nicht so läuft wie geplant, trennen Sie sich von dem Schein, auch wenn es nicht leicht fällt. Lieber rechtzeitig 15 oder 20 Prozent Verlust akzeptieren als später 50 Prozent oder gar einen Totalverlust, weil der Schein wertlos verfällt. Bedenken Sie: Wenn Sie 90 Prozent Verlust machen, benötigen Sie mit dem übrigen Kapital einen Kursgewinn von 900 Prozent, um die Verluste wieder auszugleichen. Hierzu folgende Auflistung:

5	5,3
10	11,1
15	17,6
20	25
25	33,3
30	42,9
40	66,7
50	100
60	150
70	233
80	400
90	900

Die Tabelle zeigt links den Verlust in Prozent und rechts den Gewinn, der erforderlich ist, um den Verlust wieder aufzuholen.

Das Erfolgsgeheimnis

Das mit Abstand wichtigste Erfolgskriterium beim Handel mit den hochspekulativen Turbos ist und bleibt „Disziplin“. Die einfachste und zugleich effizienteste Art von Disziplin ist ein konsequentes Risiko-Management. Hierunter versteht man die Absicherung bestehender Positionen per Limittechnik.

Wichtig!

Eine hohe Trefferquote bzw. viele Gewinn-Trades zu haben ist fantastisch. Viel wichtiger ist jedoch folgende Erkenntnis: Je größer die Gewinne und je kleiner die Verluste, desto mehr Geld wird verdient. Insbesondere zwei Dinge gilt es zu realisieren:

- *Wer beim Handel mit Hebelzertifikaten keine Stopps setzt, läuft Gefahr, ausgeknockt zu werden und somit alles zu verlieren. Ein einziger großer Verlust kann die Gewinne von Monaten vernichten.*

- *Jeder große Verlust beginnt als kleiner Verlust. Nur wem es gelingt, die Verluste auf einem geringen Niveau zu halten, kann mittelfristig gewinnen.*

Auch wenn ein Anleger von zehn Transaktionen nur fünf Gewinn bringend abschließt, kann er profitabel arbeiten. Wenn es ihm gelingt, je Gewinn-Trade mehr Geld zu verdienen, als er je Verlust-Trade verliert, ist er dennoch erfolgreich. Der Anleger sollte bei jedem Kauf ein Stop-Loss-Limit platzieren, das nicht zu weit unter dem Einstandskurs liegt (Verlustbegrenzungs-Stopp). Dieser Wert richtet sich natürlich auch nach dem Hebel, den man bereit ist zu wählen. Da bei hohem Hebel ein enger Stopp unsinnig ist, ein weiter Stopp jedoch gegen ein konsequentes Risiko-Management spricht, verbieten sich Scheine mit einem allzu großen Hebel. Ein zu enger Stopp führt dagegen häufig dazu, dass man zu früh aus dem Markt geworfen wird und der erwarteten Bewegung hinterherschaut. Auch hier zeigt sich, dass die richtige Mischung aus Abstand des Stopps in Verbindung mit dem Hebel Erfolg versprechend ist.

Im Gewinnfall sollte der Stop-Loss je nach Anlagehorizont entsprechend nachgezogen werden (Trailing-Stop). Weit in der Gewinnzone kann der Trailing-Stop mehr Spielraum aufweisen, um sich nicht der Möglichkeit zu berauben, an den ganz großen Trends zu partizipieren. Diese Hoffnung darf jedoch niemals im Vordergrund stehen. Verkehrt ein Trade deutlich im Gewinn, kann der Trailing-Stop durchaus erweitert werden, da nach kräftigen Trendbewegungen häufig auch kräftige Gegenreaktionen innerhalb des vorherrschenden Trends zu beobachten sind, die bei einem zu engen Stopp zu einem zu frühen Ausstieg führen können.

Praxisbeispiel: DaimlerChrysler

Sie sind vom Abwärtspotenzial der DaimlerChrysler-Aktie überzeugt und wollen bei einem aktuellen Aktienkurs von 30 Euro ein Short-Hebelzertifikat erwerben. Der nächste Widerstand liegt einen Euro vom aktuellen Kurs entfernt, die nächste Unterstützung aber sechs Euro darunter bei 24 Euro.

In unserem Beispiel hatte DaimlerChrysler ein klares Widerstandsniveau im Bereich von 31 Euro etabliert. Von diesem Niveau prallte der Wert zweimal ab. Der Stopp sollte folglich knapp oberhalb des Widerstands platziert werden. Dies sorgt für einen schnellen Ausstieg und einen kleinen Verlust, falls der Markt dreht. Ein Leerverkauf der Aktie bzw. der Erwerb eines Short-Hebelzertifikats nach dem Test des charttechnischen Widerstands im Bereich von 31 Euro würde es erlauben, einen engen Stopp bei 31,50 Euro zu platzieren. Das Kursziel liegt dagegen bei 24 Euro.

Sollte die Aktie wie erwartet 20 Prozent verlieren, verdienen Sie mit einem konservativen Short-Hebelzertifikat (Hebel: drei) 60 Prozent. Sollte das Zertifikat dagegen über den Stopp bei 31,50 Euro ansteigen und damit ausgestoppt werden, hätten Sie lediglich 15 Prozent verloren. Das Verhältnis von Gewinnchance zum potenziellen Verlustrisiko beträgt folglich 60 : 15 bzw. 4 : 1.

Bild 12: Stopp-Strategie bei DaimlerChrysler

Faustregel:
Das Verhältnis von Gewinnchance zu potenziellem Verlustrisiko sollte mindestens 3 : 1 betragen.

Häufig gestellte Fragen

Häuftig gestellte Fragen

Was ist ein Hebelzertifikat?

Ein Hebelzertifikat ist ein Anlageinstrument, das dazu dient, von einer Kursveränderung eines Basiswerts (in der Regel Aktien, Indizes, Rohstoffe oder Währungen) eine durch den Hebeleffekt deutlich höhere Performance zu erzielen als bei der direkten Anlage in den Basiswert. Dieser Hebeleffekt wird jedoch durch ein höheres Risiko bis hin zum Totalverlust erkauft.

Was ist der Unterschied zu einem Optionsschein?

Im Gegensatz zu einem Optionsschein ist der Kurs eines Hebelzertifikats transparenter, da subjektive Einflüsse, wie beispielsweise die implitzite Volatilität, keine Rolle spielen. Daneben unterscheidet sich ein Turbo auch im Hinblick auf die einfachere Berechnung sowie den linearen Abbau des Aufgelds. Wichtigster Unterschied ist, dass Turbos mit einer K.o.- oder SL-Schwelle versehen sind, bei deren Erreichen sie nicht mehr handelbar sind. Damit droht bei Turbos im Extremfall der Totalverlust auch während der Laufzeit.

Was ist der Unterschied zu einem Future?

Bei einem Future entsteht der Hebel durch die Margin (Hinterlegungsgebühr). Da man mit einem kleineren Betrag spekuliert, als der eigentliche Wert der Position darstellt, kann ein Verlust auftreten, der den ursprünglich investieren Betrag übersteigt. Dies ist der Fall, wenn die

Margin aufgebraucht ist und man „nachschießen“ muss. Bei Hebelzertifikaten dagegen ist der Verlust durch die Knock-out-Barriere auf das eingesetzte Kapital begrenzt.

Kann ich bei einem Investment mit Turbos mehr als meinen ursprünglichen Einsatz verlieren?

Nein. Durch die Knock-out-Barriere ist der maximale Verlust auf 100 Prozent begrenzt. Es kann also maximal der Betrag, der in diese Position investiert wurde, verloren werden.

Wo bekomme ich Turbos?

Da es sich bei Hebelzertifikaten um ein verbrieftes (gelistetes) Produkt handelt, kann es wie eine Aktie auch an der Börse erworben werden. Umsatzspitzenreiter ist hierbei die etablierte Optionsschein- und Zertifikate-Börse EUWAX in Stuttgart. Weiterhin bieten fast alle Emittenten den direkten außerbörslichen Handel an.

Warum fallen Turbos in eine hohe Risikoklasse?

Hebelzertifikate besitzen eine Knock-out- oder Stopp-Barriere (SL-Schwelle), bei dessen Erreichen das Hebelzertifikat nicht mehr handelbar ist. Während beim Erreichen der K.o.-Schwelle ein Totalverlust vorliegt, wird beim Berühren der SL-Schwelle noch ein Restbetrag ausbezahlt; dennoch liegt ein sehr hohes Risiko vor. Zudem bauen Hebelzertifikate ihr Aufgeld innerhalb ihrer Laufzeit konstant ab, verlieren daher bei unveränderten Kursen des Basiswerts bis zum Ende ihrer Laufzeit kontinuierlich geringfügig an Wert. Da es sich um ein gehebeltes Produkt handelt, kann eine entsprechende Bewegung des Underlyings das Hebelzertifikat rasch wertlos werden lassen. Ist die K.o.-Schwelle einmal erreicht, ist das Papier wertlos und wird auch nicht mehr an Wert gewinnen, selbst wenn der zugrunde liegende Basiswert danach wieder in die richtige Richtung läuft. Eine Investition in Hebelzertifikate ist daher mit einem entsprechenden Risiko verbunden.

Wer legt die Kurse fest?

Der Kurs wird von einem so genannten Market Maker festgelegt. Das ist in der Regel das Bankhaus, das den Schein ausgegeben (emittiert) hat. Der Kurs orientiert sich am Preis des Underlyings.

Warum weitet sich die Spanne zwischen An- und Verkauf in der Nähe der Knock-out-Barriere aus?

Wenn man ein Hebelzertifikat erwirbt, „spielt" man nicht gegen die Bank bzw. den Emittenten, wie oftmals angenommen wird. Vielmehr sichert sich der Emittent ab, er „hedged" sich. Je näher der Kurs an die Knock-out-Barriere kommt, desto schwieriger wird auch der Hedge. Dieses erhöhte Risiko wird an den Anleger in Form eines höheren prozentualen Spreads weitergegeben.

Wie erfahre ich die aktuellen Kurse?

In unserer Übersichtstabelle am Ende des Buches gibt es einen Hinweis, auf welcher Internet- oder Videotext-Seite die Emittenten die aktuellen Kurse ihrer Turbos anbieten. Weiterhin können Kurse natürlich auch im Internet über **http://www.finanztreff.de** oder **http://www.onvista.de** abgerufen werden. Eine zusätzliche Möglichkeit bieten Discount-Broker, über die ebenfalls mit Eingabe einer Wertpapier-Kennnummer bzw. der ISIN der aktuelle Stand abgefragt werden kann. Interessant im Internet ist auch die Seite der Stuttgarter EUWAX **(http://www.euwax.de)**, bei der auch die derzeitigen Bid- und Ask-Kurse gezeigt werden.

Welche weiteren Bezeichnungen gibt es für Turbos?

Auch hierzu ist ein Blick in unsere Übersicht hilfreich, da es eine Vielzahl an Bezeichnungen gibt. So verwendet so ziemlich jeder Emittent eine eigene Bezeichnung für die von ihm ausgegebenen Turbos, wobei die Unterscheidung auch in der Konstruktion (Optionsschein oder Zertifikat) liegt. Zudem gibt es neuerdings auch Varianten mit unbegrenzter Laufzeit, womit die Namensvielfalt zusätzlich erweitert wurde.

Warum gibt es so viele Turbos?

Wie auch bei Optionsscheinen unterscheiden sich die Hebelzertifikate in ihrer Ausstattung. So gibt es Unterschiede in der Laufzeit und in der Knock-out-Barriere. Diese Unterschiede können sowohl bei den Hebelzertifikaten eines Emittenten wie auch untereinander auftreten, so dass sich ein Vergleich lohnt. Nur so kann der passende Turbo für das erwartete Szenario gefunden werden.

Können K.o.-Produkte jederzeit gekauft und verkauft werden?

K.o.-Produkte können jederzeit ge- und verkauft werden, solange die Knock-out-Barriere nicht durchbrochen wurde. Dabei ist es auch unerheblich, ob es einen Umsatz gibt, da die Emittenten einen liquiden Handel garantieren. Ist die Knock-out-Barriere jedoch durchbrochen, erklären sich manche Emittenten bereit, die wertlosen Turbos zu einen Betrag von 0,001 Euro zurückzukaufen. Das hat den Vorteil, dass zumindest der Verlust steuerlich geltend gemacht werden kann.

Warum werden Hebelzertifikate meist mit so kurzen Laufzeiten emittiert?

Da sich der Hebel nach dem Abstand zur K.o.-Schwelle richtet, ist er umso größer, je näher ein Turbo an dieser Schwelle notiert. Auf der anderen Seite verfällt ein Hebelzertifikat wertlos, wenn die K.o-Barriere durchbrochen wird. Bei Hebelzertifikaten mit einer sehr langen Laufzeit müsste die Knock-out-Barriere demnach etwas weiter vom aktuellen Kurs weg sein, um nicht bei einer kurzfristigen Bewegung gleich ausgeknockt zu werden. Dadurch verringert sich der Hebel, wegen dem aber gerade die Turbos so gefragt sind. Auf der anderen Seite würde sich ein Kurs in einer starken Trendphase weit von der K.o.-Schwelle entfernen, so dass ein derartiges Produkt zunehmend uninteressant werden würde, da sich der Hebel immer weiter verringert.

Warum ist die Stopp-Schwelle oder Knock-out-Barriere so wichtig?

Wird die K.o.-Schwelle durchbrochen, ist das Hebelzertifikat wertlos. Es wird auch nicht wieder an Wert gewinnen, wenn der Kurs des Basiswerts am nächsten Tag wieder über der Schwelle notiert – es bleibt wertlos. Da mit dem Durchbrechen der Knock-out-Barriere ein Totalverlust entsteht, sollte immer beachtet werden, wo diese Schwelle liegt, und entstehende Verluste sollten durch enge Stopp-Kurse abgesichert werden. Bei Erreichen der von einigen Emittenten zusätzlich konstruierten SL-Schwelle ist der Turbo zwar ebenfalls nicht mehr handelbar, jedoch verbleibt ein Restwert, den man gutgeschrieben bekommt.

Kann ich Hebelzertifikate auch außerbörslich mit den Emittenten handeln?

Nicht alle, aber die meisten Emittenten bieten den direkten Handel ohne Umweg über das Börsenparkett an. Dabei wird für eine kurze Zeit ein Kurs gestellt, den man dann als Anleger akzeptieren kann. Akzeptiert man diesen, ist der Handel vollendet, und die georderten Hebelzertifikate werden zum vorher angezeigten Kurs ins Depot gebucht.

Welchen Vorteil bietet der börsliche gegenüber dem außerbörslichen Handel?

Der Vorteil beim Handel über das Börsenparkett liegt nicht zuletzt darin, dass die Aufgabe von Orders mit Zusätzen wie Limit, Stop-Buy oder Stop-Loss versehen werden kann. Dies hilft, Orders genau zu platzieren und Stopp-Kurse einzuhalten. Im außerbörslichen Handel sind diese Zusätze nicht möglich.

Warum spielt der Umsatz in einem Hebelzertifikat keine Rolle bei der Auswahl eines geeigneten Papiers?

Da der Emittent des jeweiligen Scheins als Market Maker auftritt und ständig handelbare Kurse dafür stellt, spielt das Volumen keine Rolle. Dies ist sowohl bei Optionsscheinen als auch bei Turbos der Fall.

Warum gibt es Differenzen bei der Berechnung eines Hebelzertifikats, dessen Basiswert (z.B. eine US-Aktie oder Gold) in einer ausländischen Währung notiert?

Wenn der Basiswert im Gegensatz zum Hebelzertifikat in einer ausländischen Währung notiert, müssen Basiswert und Barriere in Euro umgerechnet werden, um den fairen Wert des Scheins zu errechnen. Es muss daher immer um das Währungsverhältnis bereinigt werden.

Praxistipp!
Für den kurzfristigen Handel ist der Direkthandel (< 1 Tag), für längerfristige Engagements (> 1 Tag) eher der Handel über die Stuttgarter Börse zu empfehlen.

Übersicht Emittenten

	ABN AMRO	BNP PARIBAS	citibank
Emittent	**ABN Amro**	**BNP Paribas**	**Citibank**
Bezeichnung	Turbo	Turbo	Turbo
Konstruktion	Zertifikat	Zertifikat	Hebelprodukt
Basiswerte	Intern. Indizes, Aktien, Rohstoffe, bald Devisen	Internationale Indizes, DAX, Schwerpunkt: DAX-Aktien	DAX-Index, Eurostoxx-Index, große DAXtitel, Nokia
Endlos-Turbos	MINI Future	noch nicht	nein
Handelszeit	9 – 22 Uhr (nur börslicher Handel)	9 – 20 Uhr	8 – 22 Uhr
K.o.-Schwelle = Basispreis	nein	nein	ja
Zusätzliche Stop-Loss-Schwelle	ja	ja	ja
Hotline	Tel.: +49 (0)69 26 900 900	Tel.: +49 (0)69 7193 2310	Tel.: +49 (0)69 1366 1540
Internet	abn-zertifikate.de	warrants. bnpparibas.com/de	citiwarrants.com
E-Mail-Support	aktienprodukte@ de.abnamro.com	wts.info@ bnpparibas.com	–
Videotext	n-tv S. 873/874	n-tv ab S. 615	n-tv ab S. 630

Emittent	**Raiffeisen Centrobank**	**Dresdner Bank**	**DZ Bank**
Bezeichnung	Turbo	KnockOut-Warrant	Turbo
Konstruktion	Zertifikat	Optionsschein	Optionsschein
Basiswerte	Deutsche, österreichische und osteuropäische Aktien, internat. Indizes	Größtenteils DAX-Aktien, DAX	intern. Indizes, europ. Bluechips
Endlos-Turbos	Open-end Turbo	nein	nein
Handelszeit	9 – 20 Uhr	9 – 22 Uhr	9 – 20 Uhr
K.o.-Schwelle = Basispreis	nein	ja	nein
Zusätzliche Stop-Loss-Schwelle	ja	nein	ja
Hotline	Tel.: +43 (0)1 5152 0484	Fax: +49 (0)69 7131 9841	Tel.: +49 (0)69 7447 7035
Internet	www.rcb.at	warrants. dresdner.com	dzbank.onvista.de
E-Mail-Support	sales@rcb.at	warrants@ dresdner-bank.com	warrants@ dzbank.de
Videotext	nicht vorhanden	n-tv ab S. 845	nicht vorhanden

	SOCIETE GENERALE	VONTOBEL	HSBC
Emittent	**Société Générale**	**Bank Vontobel**	**HSBC Trinkaus & Burkhardt / HSBC Trinkaus Investment Products**
Bezeichnung	Turbo	Sprinter	Turbo
Konstruktion	Zertifikat	Optionsschein	Optionsschein
Basiswerte	internationale Indizes	internationale Indizes SMI, S&P500, Nasdaq100, DAX, bald auch europäische Aktien	DAX, Eurostoxx-Index, DAX-Aktien, Bund-Future, europ. Bluechips, S&P 500
Endlos-Turbos	Open End Turbo	nein	ja, ab Mai
Handelszeit	9 – 20 Uhr	8 – 22 Uhr	9 — 22 Uhr
K.o.-Schwelle = Basispreis	Ja	ja	ja
Zusätzliche Stop-Loss-Schwelle	Ja, bei Open End	nein	nein
Hotline	Tel.: +49 (0)69 7174 663	Tel.: +49 (0)221 2030 060	Tel.: +49 (0)221 910 4636
Internet	warrants.com/de	derinet.de	hsbc-tip.de
E-Mail-Support	webmaster.de-warrant@ota.fr.socgen.com	warrants@vontobel.de	hsbc-tip@trinkaus.de
Videotext	n-tv ab S. 822	nicht vorhanden	n-tv ab S. 833

	COMMERZBANK	Deutsche Bank	Sal. Oppenheim
Emittent	**Commerzbank**	**Deutsche Bank**	**Sal. Oppenheim**
Bezeichnung	Turbo	Warrant-Alternative-Vehicle (WAVE), Wave-Return	Turbo
Konstruktion	Zertifikat	Optionsschein	Optionsschein
Basiswerte	Indizes, DAX, Rohstoffe u. sehr große Auswahl auch für Devisen, Einzelwerte MDAX	internationale Indizes, Aktien, Devisen, internationale Aktien	DAX-Aktien, Indizes, europ. Aktien
Endlos-Turbos	Unlimited Turbo	WAVE-XXL	noch nicht
Handelszeit	9:00 – 20 Uhr, Währungszertifikate bereits ab 8 Uhr	8 – 22 Uhr	9 – 22 Uhr
K.o.-Schwelle = Basispreis	nein, Währung ja	ja	ja
Zusätzliche Stop-Loss-Schwelle	ja	ja	nein
Hotline	Tel.: +49 (0)69 1364 7845	Fax.: +49 (0)69 9103 1314	Tel.: +49 (0)69 7134 2266
Internet	zertifikate. commerzbank.de.	db-xm.com	oppenheim-derivate.de
E-Mail-Support	zertifikate@ commerzbank.de.	x-markets.team@ db.com	retailproducts@ oppenheim.de
Videotext	n-tv ab S. 675	n-tv ab S. 770	n-tv ab S. 810

Emittent	**Goldman Sachs**	**West LB**
Bezeichnung	Turbo Future	Turbo
Konstruktion	Optionsschein	Zertifikat
Basiswerte (Underlying)	bisher nur DAX-Index	Indizes: DAX, Eurostoxx
Endlos-Turbos	Turbo Future	nein
Handelszeit	8 – 22 Uhr	9 – 20 Uhr
K.o.-Schwelle = Basispreis	nein	nein
Zusätzliche Stop-Loss-Schwelle	ja	ja
Hotline	Tel.: +49 (0)69 7532 1111	Tel.: +49 (0)211 8265 988
Internet	goldman.de	westlb-zertifikate.com
E-Mail-Support	warrants@gs.com	zertifikate@westlb.de
Videotext	n-tv ab Tafel 710	n-tv ab Tafel 760, WDR ab Tafel 670

Autoren

Autoren

Stephan Feuerstein

Der Chefredakteur des „Hebelzertifikate-Trader“ besitzt langjährige praktische Erfahrungen im Handel mit Derivaten.

Bereits seit Anfang der 90er-Jahre beschäftigt er sich mit dem Thema Börse, speziell mit der Technischen Analyse und der Entwicklung von Handelssystemen.

Einen besonders guten Ruf genießen seine Seminare zu Themen wie Technische Analyse, Money- und Risiko-Management, Zertifikate und Börsensoftware. Daneben fließt sein Know-How auch in den bekannten Börsenbrief „Trading-Report“ (**www.trading-report.de**) ein, dessen Depot er mit sehr großem Erfolg führt.

Meilensteine

- Von 1999 bis 2001 war Feuerstein Leiter der Technischen Analyse beim „Optionsschein-Magazin“.
- Mit seinen umfangreichen Kenntnissen verhalf er den Börsenbriefen „Optionsschein Weekly“ und „Neue Aktien Weekly“ zum Erfolg.
- Daneben waren seine Artikel auch in zahlreichen anderen Magazinen zu lesen, beispielsweise im „Ebert's Terminmarkt Magazin“ (Deutschlands ältestem Börsenmagazin), dem späteren „Trading Magazin“, und im „Aktiven Trader“.

René Wolf

Auch er beschäftigt sich bereits seit Anfang der 90er-Jahre mit dem Thema Börse, speziell mit der Bilanzanalyse und der Entwicklung von Handelsstrategien. Mitte 2000 erkannte Wolf, dass die Börseneuphorie ihr Hoch längst hinter sich hatte. So bestachen vor allem seine zahlreichen Verkaufsempfehlungen auf hoch bewertete Underlyings (etwa MLP und Bea Systems).

Meilensteine

- Von 1999 bis 2002 war Wolf Redakteur beim „Optionsschein-Magazin“.
- Von 2000 bis 2002 leitete er das Ressort „Aktien“ beim “Muster-Aktien-Börsenbrief”.

Axel Müller

Seit 1996 befasst er sich mit dem Thema Börse, speziell der Technischen Analyse und der Entwicklung von Handelsstrategien. So propagiert die von ihm entwickelte 1-2-3-Strategie die erfolgreiche Selektion sog. „Muster-Aktien" (Wertpapiere auf dem Weg zum Allzeithoch). Des Weiteren hat er Mitte 2001 die Rubrik „Muster-Aktie" im gleichnamigen Börsenbrief ins Leben gerufen. Zudem hat er auch Anfang 2003 den erfolgreichen Börsenbrief „Devisen-Trader" (**www.devisen-trader.de**) gegründet.

Meilensteine

- Von 2000 bis 2001 arbeitete er als Redakteur bei „Börse Now".
- Von 2000 bis 2002 war er Leiter des Ressorts „Optionsscheine" beim „Muster-Aktien-Börsenbrief".